i learn

www.businesstoday.com.tw

會玩才會學

Free to Learn

彼得·格雷
PETER GRAY 著
吳建緯 譯

謹將本書獻給史考特——因為他是我的靈感來源；

謹將本書獻給戴安娜——因為她將一切變為可能！

各界推薦

「當我讀到作者彼得．格雷在《會玩才會學》裡談及的義務教育七大罪宗，身為公立小學資深教師的我不禁汗涔涔，從現況出發，思考探索解方，從書裡談及遊戲中學習的積極主動、想像力、社會化、創意和解決能力，符合學習的本能，還能進入心流，最後讓孩子發展自我教育的自學能力，父母放手信任式教養，整本一氣呵成，論述鏗鏘，值得一讀！」

——資深國小教師林怡辰

「孩子遊戲的時間向來只會太少，永遠不嫌太長。自由自在、不受成人介入與指導的玩，對孩子來說與陽光空氣水一樣重要，他們藉此結交朋友、觀察環境、發現問題、解決困難，增進自己全方位的各種能力。本書從僵化的教育體制出發，但並非否定孩子受教育的需求，作者希望更多父母師長重新認識何謂學習與成就，並有能力為孩子建構出符合兒童本性、遊戲特質、從內在出發的教育環境。」

——文字工作者／自學家長諶淑婷

「遊戲與學習，都是人類天生的能力，要如何融潤在一起，如同雙翼幫助孩子翺翔於知識的天際，《會玩才會學》這本書打開一扇窗，拓展了『玩中有學，學中有玩』的可能視野。」

——立法委員蘇巧慧

「彼得．格雷是全球童年遊戲演化的專家之一，他應用心理學的知識，以及個人的聲音關切教育改革的緊迫性。」

——哈佛大學心理學教授史蒂芬．平克

「這是一本令人值得深思又有趣的書，格雷將童年時期的遊戲應用在壓力不斷增加的現代教育上，矛盾地是，這反而減少了一些我們希望孩子們能在學校學到的能力。」

——特拉華大學發展心理學教授羅貝塔．戈林科夫

「本書可以被當作是現代悲劇教育體制的啟發。彼得．格雷主張藉由科學和生物進化論指出，人類是被設計成從遊戲中學習，對小孩而言，玩遊戲就是一種學習。《會玩才會學》這本書對於我們身為不斷學習適應的人類的長期生存發展而言相當的重要。」

——國家玩樂協會創辦人史都華．布朗醫學博士

目錄

Chapter 5

Chapter 6

Chapter

8

書序

「去死吧！」

這句話深深刺痛我心。雖然我也曾經因為堅持己見和白目的說話方式而被同事或朋友這樣咒罵，但刺痛的程度卻遠遠沒有這次來得強烈。

在我和朋友同事間，「去死吧！」只是緩和緊張氣氛或停止無謂紛爭的方法，但這次我卻默默在意了。這次……我覺得……我可能真的會下地獄。我指的地獄可不是那種充滿火焰和硫磺的十八層地獄，我才不信那套，我指的是現世報的人間煉獄，因為當你知道，你辜負你所愛的、需要你和依賴你的人，那種愧疚確實有如烈焰焚身！

你可能會很驚訝，但這句話確實是由我九歲的兒子——史考特口中說出，就在公立小學的校長辦公室裡。這句話不僅僅是針對我，還包括在場七位排列井然有序、自認聰明的成年人。其中有校長、史考特的兩位老師、學校的輔導老師、在校務體系下工作的兒童心理師、他的母親（也就是我過世的前妻）和我。

當時，我們幾位大人組成了所謂的「統一戰線」，嚴厲地告誡史考特要好好上課，完成老師交代的作業。就在我們幾位大人輪番訓斥之下，史考特終於忍不住直視我們，並對我們大吼：「去死吧！」這句話讓我當場呆住。我迅速回神並且大聲駁斥他。

但就在此時，我突然意識到我必須站在史考特這邊，而不是跟他對抗到底。至此，淚水模糊了我的視線。轉過頭看，妻子也是淚流滿面。我從妻子的淚水中意識到我們的心境竟然如此相似；我們知道必須完成史考特長久以來的心願——不只是讓他擺脫學校這麼簡單，而是要讓他擺脫所有類似學校等學習場地的枷鎖。

對他而言，學校簡直就像是個銅牆鐵壁的監獄。他根本沒有做錯什麼事，我們為何要將他送進監獄呢？

在校長辦公室裡展開的那場「批判」大會，比起近幾年來的參加過的各場家長會議，幾乎是「所向披靡」。在那場討論中，我和妻子「有幸」能聆聽校方對兒子近期不當行為的報告。

據校方人員的說法，他的調皮程度遠超出一般精力旺盛的男孩，叛逆行為更像是經過「刻意計畫」。兒子會刻意地跟老師唱反調，當老師教導學生以特定方法來解決特定的算術問題時，他會自行發明另一套的方法來解決問題。當他在學習標點符號和大寫字母時，寫法就像美國詩人卡明斯（e.e. cummings）般，只要他喜歡，他會隨意穿插大寫字母和標點符號，甚至直接省略不寫，可以說是毫無章法。只要他對老師指派的工作不感興趣，就開始大聲吵鬧，並且拒絕寫作業。有時候，他還會在未經允許的情況下擅自離開教室，甚至離校。

最後，我們終於為史考特找到了另一所學校，一所「不像學校」的學校。稍後我就會介紹這所學校，以及它在全球各地啟發的教育革新運動。而本書的主要內容非關這所學校，而是符合人性的教育。

孩童在降臨人間以後，便開始接受一連串有如地獄般的學習考驗，簡直就像人類希望透過基因工程，將孩童塑造成學習能力非凡的神童。他們變成了一部又一部的學習機器。

在四年的時間裡，他們在消化不良的情況下，吃進了大量訊息，並且無師自通地學會各項技能。學會了走路、跑步、跳躍和攀爬；學會理解並述說土生土長的文化和語言；透過文化和語言，他們學會堅定自我意志、抗辯、消遣、惱怒、交友和提問。從周遭的物質生活和社會上擷取了令人難以置信的大量訊息。但是，他們之所以能夠接受各項資訊並且學會各種技能，全是因為與生俱來的本能和潛力，以及他們天生愛玩的性情和好奇心所致。

當孩子五至六歲時，內在的學習欲望及學習動力尚未封閉。相反地，學校教育體系卻封閉了孩童學習的欲望和潛能。學校帶給孩童最大而持久的影響是：學習就是工作，能逃避就盡量逃避。

兒子在校長室裡的一句話，不僅改變了我的職業生涯，更改變了我的個人生涯。當時我是生物心理學教授，研究領域是瞭解哺乳動物的動力和情感產生的生物基礎。我曾反覆研究特殊賀爾蒙如何調節老鼠恐懼感，觀察懷孕老鼠的行為中樞機制。

那天，在校長室裡發生的事件，漸漸轉移了我的研究重心，我開始從生物學的角度從事教育研究。起先，研究動機主要來自我兒子，我希望讓孩子朝著自己設定的教育路線，而非接受專業人士設定的路線發展。但當我開始接受並相信，史考特自我引導的教育方式能夠做到盡善盡美時，我的興趣也開始轉向其他兒童與教育有關的人類生物學基礎。

究竟為什麼，讓人類變成現在這種處處受到文化拘束的動物呢？換句話說，人性當中究竟有哪些機制讓下一代的人類，不論身處何處，都必須學習前人留下的技能、知識、信仰、理論和價值觀呢？這項問題促使我檢視標準學校體系以外的教育，例如，我兒子就讀的一所知名的「非學校」。

接著，我對全球各地日益增長的「自學」運動進行了深入探討，以便瞭解在這些兒童接受教育的情形。我閱讀並調查人類學家的相關著作和文獻，盡可能地瞭解生長在狩獵採集文化中的孩童生活與學習的過程。

可別小看狩獵採集文化，因為它在人類進化史中，代表人類九十九%的文化類型。我回顧了心理學和人類學針對兒童遊戲的相關研究，而我和學生則另外進行了新的研究，目的在瞭解兒童經由玩樂進而學習的過程。

進行研究的同時，我瞭解到兒童玩樂與探索的強烈動力，如何在狩獵採集文化及現代文化中發揮，並且達到教育作用。我也瞭解到讓孩子透過玩樂的方式，達到自我教育的最佳環境條件。如果我們堅定意志，孩子將可以從既有的強制教育體系下解放，在不剝奪他們快樂童年的前提下，為他們提供可充分發揮學習能力，並達到自我教育目的的學習中心。

而這本書說的就是這些。

Chapter 1

我們究竟對孩子的童年做了些什麼？

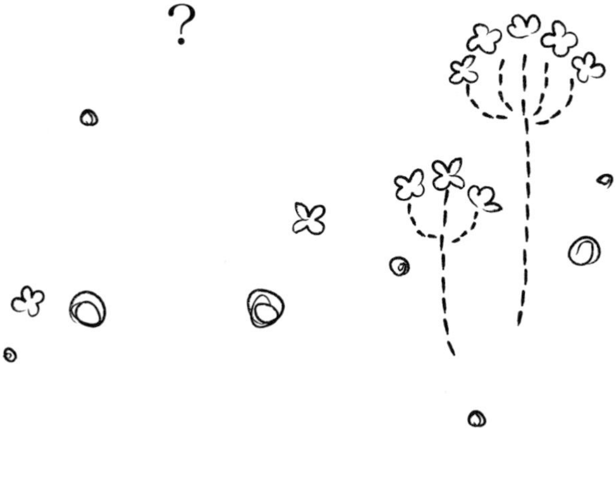

我的老師露比．盧

到目前為止，我的人生出現過許多值得我向他們學習的老師。但如果你要我選出一位最好的，我會說是露比．盧（Ruby Lou）。

我認識她的那年夏天，我五歲，她六歲。我們全家搬到一個新的小鎮，在媽媽的建議下，我在街上挨家挨戶地敲門拜訪：「你們家裡有沒有和我年齡相仿的小孩？」就這樣，我在對街那戶人家找到了她。在短短的幾分鐘內，我們變成最要好的朋友。我們的友誼持續了兩年之久。露比的年紀、聰明及膽大程度都不在我之下，因此，她成了我非常要好的老師。

在一九八〇年代中期，羅勃．傅剛（Robert Fulghum）出版了一部廣為流傳的散文集，書名為《生命中不可錯過的智慧》（*All I Really Need to Know I Learned in Kindergarten*），事實上，我沒有讀過幼兒園，我搬去的小鎮並沒有這種東西。但是我想，就算是傅剛都有可能同意，人們多數的生活技能並非在幼兒園或學校裡頭學到的，通常是在生活當中自行學習。

第一年夏天，露比和我幾乎天天玩在一起。有時候，也會和鄰居的小孩一起玩。之後，她升上小學一年級，我雖然沒上學，但放學或周末我們都一起度過。一直以來，我都希望能寫一本書，《我從露比身上學習必須瞭解的一切》（*All I Really Need to Know I Learned from*

Ruby)。

我記得露比教我的第一件事是如何學會騎單車。我沒有車，她把她的車借給我騎。她的車是一輛淑女車，這輛車比較好騎，因為我不必將腳跨過一般單車上都會有的超高橫桿。我們住的那條街一直蜿蜒到一個小山丘。露比說，如果我能將單車帶到小山丘上，稍微用腳蹬地，推進單車，我就可以立即加速，根本不用踩腳踏板就可以保有一定的速度。終於，我在沒有踩腳踏板的情況下，學會了平衡的技巧。到達山腳之後，她開始教我踩腳踏板，在我跌倒或把腳放下煞住車之前，她盡可能要我騎遠一點。一開始，我不僅磨破了膝蓋，還對著鄰居的車狂按車鈴。但是，露比安撫我的情緒，並說服我一定能漸入佳境，最後，我終於能夠「不斷地」騎車，而且不會跌倒。

在短短幾天內，我抓到了騎車的技巧。當我的父母看到我學會騎車，就買了一輛二手單車給我。那輛單車很大，橫桿更是高到難以跨越，但無論如何，我還是能夠騎那輛單車。五歲時，我拿到了人生當中的第一輛單車，體驗到我未曾感受過的自由與感動。

在我拿到第一輛屬於自己的單車以後，露比和我就開始騎乘單車在附近村莊到處闖蕩。雖然我們遊戲的地方與住家之間的距離並未超出五公里，但我們很像是在進行探險活動。家人不許我獨自外出，卻允許我和露比一同出外遊玩。我媽媽覺得六歲的露比是一名成熟、富有責任感並且非常會認路的女孩，她能夠幫助我避免麻煩。在每次的探險旅程中，我們不僅在周遭生活中學習到有關這個世界的新鮮事物，我們還遇到了許多人。直到今日，我還是非常喜歡騎單車到處遊歷。當我騎著單車外出工作或到處閒晃時，我都還會想到露比教我的事。

除此之外，她還教我攀爬樹木的訣竅。我家前院有一顆蔚然壯觀的松樹。我想，一般成人可能只會覺得這顆松樹並沒有多大一株，但對我來說，它是由上天賜予、聳立入天並且適合攀爬的一株大樹。

我的膽子和敏捷度並不如其他小孩，所以我必須使勁攀爬，數周或數個月後，才能登上高點。露比和我喜歡爬到樹上登高吶喊。她的攀爬技巧總是略勝一籌，當她爬到另一根更高的樹枝上時，我便知道我也能夠達到相同的目標。爬向天際並且向下眺望，這種感動簡直無與倫比，高度也許只有四到六公尺，但我卻感受到前所未有的自信與危險快感。現在，我勇於挑戰自我，透過自己的努力，讓我的生命發光發熱，活出自信。

在一個炎熱的夏天裡，露比教導我有關死亡的一課。

有一次，我在戶外的塑膠充氣水池玩耍，不僅跑跑跳跳，還用我的屁股滑過水面。這時，露比走進院子裡，我原以為她會像以往一樣跳進池裡，但她卻沒有。她坐在遠遠的草地上不發一語。我試圖玩一些愚蠢把戲來逗她開心，卻完全沒效。我從沒見過有人這樣。最後，我走過去坐在她身邊，她告訴我，曾經和她住在一起的祖父過世了。那是我第一次感受到死亡的存在，也是我第一次給予失去摯愛的人精神上的撫慰。當然，我失敗了，最後我學到的是，這樣的做法必然會失敗。當下你能做的就是陪伴在旁，表現得像是一位真正的朋友，並讓時間來治癒一切。所幸，當你還是六歲時，你會感覺時間過得很快，每天都像過了兩個禮拜。不久，整個夏天就這樣子過去了。露比和我最後又玩在一起。

我並不是唯一一個回首童年、感嘆今日的孩子比當時更不自由的人。你可以去問問看，每位中老年人只要一講到他們的童年，幾乎都會開始回憶與其他小孩一同遠離成人的探險歷程。

我們來看看美國前第一夫人暨美國國務卿的希拉蕊．柯林頓對她在伊利諾州帕克里奇（Park Ridge）的童年回憶片段：

> 我們曾經有過一個組織嚴密的兒童社會，玩各式各樣的遊戲。每天放學和周末，我們都拚命地玩樂。整個夏天，從天亮到天黑，我們就在歡樂中度過美好的一天。我還記得我們玩的其中一個遊戲叫作「鬼抓人」。這個遊戲是由複雜的角色、團隊及捉迷藏組成。

我們組成的隊伍會散布到鄰近兩、三個街區。如果被鬼追趕，你只要跑到特定的安全地點就好。同時，也有一些可以破除既有角色，並讓你重回遊戲的方法。如同其他遊戲，我們有清楚的規則描述，我們也會躲在街角討論各項規則。幾個小時就這樣過去了……我們不僅培養獨立的個性，更獲得許多自由。但是，在現在的社會中，我們幾乎無法給予兒童相同快樂的環境。這真是現代社會的一大損失！

依我看，不僅是一項重大損失，更是一項悲痛、殘忍的損失。兒童本應順應天性、獨立自主地盡情玩樂，他們需要自由發展的空間。盡情玩樂的內在潛能是兒童與生俱來的生物需求。玩樂自由的匱乏，也許不如食物、空氣或水的匱乏嚴重，身上或許也不會少一塊肉。但是，玩樂自由卻是心靈成長的必備良方。

玩樂自由是兒童結交朋友、克服恐懼、解決問題，並且掌控生命的方法。同時，玩樂自由也是兒童練習並取得身體和智力技能的主要方法。這在他們成長的環境中是取得成功的致勝關鍵。我們為孩童做再多、買再多玩具、培養再多的特殊才藝訓練，都將無法彌補我們從兒童身上奪走的玩樂自由。孩童們透過主動玩樂學習到的一切，無法藉由其他方式取得。

我們正將孩童的適應能力推向極限，帶入不正常的環境中，希望孩童能整天接受大人的指導，坐在書桌前面，聆聽並且閱讀無法引起他們興趣的東西，還要回答對他們而言不切實際的各項問題。他們所能運用的自由時間越來越少，根本沒有時間玩樂、探索並且追求自己的興趣。

我是發展心理學家，對達爾文關於兒童發展的進化觀點瞭解甚深。我對於兒童天性熱愛學習、會在生長的文化中求生存與發展這部分特別有興趣，其實這就是教育的生物學基礎。為此，我研究了各類型人類社會的教育型態，在狩獵採集的社會裡，學校根本就是源自未來的產物，在採獵文化中孩子總是自主學習。

另外，我也針對家鄉麻州知名的替代學校進行教育研究，有數以百計的孩童與青少年已透過自我導向的活動，在沒有大人強壓的課程與測驗之下，成功地完成自我教育。除此之外，我也研究在家自學之類的「非學校教育」家庭，深入探討玩樂的功能，並為有關的生物及心理研究做出貢獻。

令人感到驚訝的是，所有的研究工作背後，似乎都述說著與當代主流教育理念不合的共同故事。從生物學的角度來看，兒童本身就傾向自主學習的模式。當他們能在安全的環境下，享有追求自我興趣的自由與工具時，他們便能夠適性發展出多元而無法預期的途徑，並且學習到面對生活挑戰的各項技能和自信。

在這樣的環境下，孩童能主動向大人要求，並且取得他們需要的幫助。我們根本沒有必要施行強迫式課程、講課、作業、測驗、成績、年齡分班，或以義務教育體制下的標準檢視，這些東西只會干擾孩童的自然學習法。

本書講述孩童自我教育的天性，談到讓本能達到最佳運作所需的環境條件，以及我們人類社會如何以比學校更具成本效益的方式提供環境。過去半個世紀或甚至更早以前，玩樂是兒童自我教育的重要方法，當我們不斷地侵蝕兒童玩樂的自由，產生的後果便是年輕人的心理和生理健康的持續下滑。如果這種狀況不變，未來幾代的成年人勢必將無法找尋生命出路，並構成社會的嚴重威脅。

半個世紀來，自由玩樂的衰退

過去，當你走進美國社區，無論是放學後、周末或暑假期間，隨處都能看到兒童在外玩耍，旁邊根本沒有大人監督。但現在你在外頭看到的孩子，十之八九都身穿整齊的制服，遵從師長的教誨，他們的父母則會在旁觀看，並且稱職地為他們的孩子加油打氣。

在一部有關美國兒童玩耍歷史的權威著作中，霍華德．丘達柯夫（Howard Chudacoff）指出二十世紀中期為「非結構化玩樂的黃金年代」。丘達柯夫所說的「非結構化玩樂」，並非缺乏結構的玩樂。他認為，玩樂本來就不是隨機活動，相反地，玩樂總是具備某種結構。他所說的「非結構化玩樂」，實際上是指由玩家而非外在權威所建構的玩樂方式。

我想稱為自由玩耍，並定義為玩家可自行決定玩樂內容與方式，可以自由修改目標與規則的一種玩樂。臨時拼湊的棒球是自由玩耍；少棒則非自由玩耍——自由玩耍是兒童學習建構自我行為的方法。

儘管如此可能過度簡化，但我們可以合理地說，後殖民時代的美國孩童是否得以取得自由玩樂的機會取決於兩大趨勢：

一是對童工需求逐步降低，使得孩童有更多玩樂時間。這也解釋了玩樂在二十世紀中期興起的原因。

二是成人對兒童生活的干預遞增，使得兒童自由玩耍的機會減少。

義務教育的負擔日益沉重，大人對孩童的生活控制就越增加。孩童從小就開始上學，現在不只有幼兒園，在某些地區還有比幼兒園更早就學的托兒所。學齡前教育的學校有越來越像國小的趨勢，由大人指定作業取代兒童正常玩樂的時間。隨著在校年數和在校時間逐步增加，孩子自由玩耍的機會也就跟著大幅減少。

一九五〇年代，當我就讀小學時，每天早上和下午都有長達半個小時的下課時間，中午更有長達一小時的午餐時間。在此期間（在校時間的三分之一），我們可以自由活動，甚至可以擅自離校。小學三年級時，我和朋友甚至會在午餐時間到距離學校不遠的小丘上，躺在草地上或在雪中玩耍。除此之外，我們還會在地上做仰臥起坐，在冬天裡打雪仗、丟雪球。我記得當時身旁並沒有任何師長督導，就算有，他們一定也沒有管太多。當時孩童能獲得的玩樂，現在根本不被任何國小接受，相較於現代孩童，我們那時候真的獲得很多信任。

學校不僅導致孩童在校時間增加和玩樂時間減少，更大舉入侵居家環境及家庭生活。作業不斷增加，吞噬掉孩童原本可以玩樂的時間。家長成了學校老師的幫手，定期追蹤孩子的學校作業，手段包括哄騙、嘮叨或甚至賄賂，目的竟然只是希望他們能夠完成各項指派作業。

當孩子抱怨學校作業或學業表現不佳時，家長經常感到罪惡，就好像是孩子的失敗等同自己的失敗一樣。家長不再為孩子安排家庭出遊，即使是一到兩天遠離學校的放鬆時間都沒有，家長甚至不再讓孩子離校，參與對孩子學習更加有用的家庭活動。不僅如此，學校對孩童的生活造成更深的潛在影響。學校體系經常以直接或間接的方式，養成藉由大人的指導和評量的作業，完成孩童的學習和進展，整個社會甚至形成讓孩童自由活動根本是浪費時間的想法。

喬治亞州亞特蘭大市的學校校長決定，要終止下課時間自由玩耍的傳統，他表示：「與其給孩子三十分鐘的自由活動時間，還不如讓他們學習像是跳舞和體操等特殊才藝。」這位校長認為，孩子根本不需要藉由自由玩耍的方式來達到運動的效果，因為他們可以在體育課中獲得規律的運動。很少有教職人員會如此大膽狂妄地宣揚這種反對玩樂的立場，大部分至少會在口頭上肯定自由玩耍的價值。然而，實際上反對玩樂的風氣，每過十年就會變本加厲。孩童逐漸被鼓勵接受大人主導的課程和校外運動，而無法自由玩耍。

另一個與反對玩樂的態度有關的現象是，我們比較關切孩童所表現出來的量化成績，卻很少關心無法以數據測量的真正學習態度。以現在教育界來說，重要的是可以評分，比較學生、學校甚至國家優劣的表現成果，而學校課程所學不到的知識，甚至更具深度的知識，根本無足輕重。我在這裡說的「真正的學習」和「深度的知識」，是指孩童將想法和資訊融入認知以及回應周遭世界的恆久方式。這和目的只在通過考試，並在考試結束後迅速遺忘的膚淺知識有很大的不同。

不只有孩童本身，連家長、老師、學校和整個校區，都是以兒童測驗表現為基礎來取得社會評價，兒童只是各場競爭中的馬前卒。周遭的大人只會在各項標準化測驗中，從兒童身上榨取最佳成績。在此項高賭注、高風險的玩樂中，任何可以在毫無作弊的情況下，增進表現的手段都可以被視為是「教育」。因此，可加強短期記憶的測驗訓練都被視作正規教育，即使這樣的訓練根本無法增進對特定學科的瞭解。

對表現成果的過分專注，已跨越教室滲透到各種課外及校外活動。在許多家長和教職人員眼中，童年時期的經歷塑造，比自由玩耍和自由學習來得更加重要。在校成績和標準化測驗表現「才是真的」，大人在校外主導的正式活動，尤其是可以取得獎品的情況下，給予的正面評價和榮譽也「才是真的」。這樣一來，兒童和青少年即使在沒有外力強迫，也會在外在世界的哄騙和引導下，參與大人組織的運動、校外課程和各項志願活動。

上學比重增加和累積經歷的需要，並非自由玩耍在過去半個世紀以來沒落的唯一因素，還包括大人越來越相信在外遊蕩具有一定的危險性。假設在開發中國家裡有一個愛玩的小孩，遭到陌生人的綁架、騷擾或謀殺，媒體就會開始競相報導，導致恐懼不斷誇大。事實上，類似案件的發生率非常低，近幾年來更有逐步下滑的趨勢。

最近一項大規模的跨國調查顯示，家長最常提到他們不讓兒童在外玩耍的原因是：「孩子可能暴露在虐童者環伺的危險處境」（四九%的家長）。該項調查揭露了其他更實在的因素，包含道路交通及霸凌的恐懼。此外，另一項在英國進行的較小規模調查顯示，七八%的家長提到禁止兒童在戶外玩耍的原因在於對陌生人騷擾孩子的恐懼，另外有五二%的家長提到他們對道路交通的恐懼。

在另一項調查中——在美國各大區內由八百三十位母親組成的代表性樣本中，八五%同意小孩比他們以前能夠在外玩耍的時間還少。當被問到小孩在戶外玩耍可能面臨的阻礙時，八二％的母親提到安全和犯罪問題。

令人訝異的是，恐懼不受地理界線的影響，鄉村地區或小型村落裡的家長和城市裡的家長表達出相同的恐懼。如果我們希望增加兒童在戶外自由玩耍的機會，就必須加強社區安全，讓家長放心。如果兒童無法安全自在地在外玩耍，請問這個世界究竟是怎麼了？

玩樂時間減少的統計也來自日記研究，家長可任選幾天追蹤孩子的日常活動。在一項長期研究中，社會學家桑德拉．霍弗爾茲（Sandra Hofferth）等人，統計一九九七年與一九八一年兒童每天花在各項活動的時間。

該項研究顯示，一九九七年與一九八一年，六到八歲兒童花在學校的時間超過以往的一八％，在家做功課的時間超過以往的一四五％，和家長出外購物的時間超過以往的一六八％，在家與其他人交談的時間少於以往的五五％，看電視的時間少於以往的一九％，玩樂時間則少於以往的二五％。在本研究中，「玩樂」一詞不僅包含諸如下棋和電腦等室內玩樂，也包括戶外玩耍。由於電腦遊戲時間在此期間大幅增加（基本上，一九八一年根本還沒有電腦遊戲），因此我們只能推定戶外玩耍的時間減少幅度超過二五％。一九九七年，同一年齡組合中的兒童花在玩樂的時間（包括玩電腦）每周大約超過十一小時。在這六年中，同一年齡組合中的兒童寫作業的時間不斷增加（三二%），玩樂時間卻不斷減少（七%）。

當家長被問到為何他們的小孩不再出門玩耍，他們經常說到兒童本身的偏好和安全考量，他們經常提到令人著迷的電視和電腦遊戲。然而，在一項大規模的研究中，兒童被問到他們本身的玩樂偏好，和朋友出外玩耍卻居眾多玩樂之冠。如果拿特定活動來做配對比較，八九%的兒童會說，比起看電視，他們還是比較喜歡在戶外玩耍；比起電腦玩樂，八六%的兒童會說，他們還是比較喜歡在戶外玩耍。

也許，現在的兒童之所以將大部分的時間花在電腦玩樂上，主要是因為那是沒有大人干預和指導的情況下，唯一能自由玩耍的場所。許多兒童不被允許在外自由玩耍，而就算獲得許可，也不可能找到其他玩伴，因此他們寧可在室內玩耍，也不願出門。這並非電腦遊戲如此出名的唯一因素，電腦遊戲非常有趣，兒童確實可以學到很多東西，若要強健體魄、瞭解真實世界，熟悉與同儕的相處之道，與朋友在戶外玩耍絕對是無可取代的最佳管道。

年輕人精神失調的問題不斷湧現

自由玩耍的沒落以及揠苗助長的野心，已經有了沉重的代價。

以出生中產階級的典型兒童——埃文為例。埃文現年十一歲，平日早上六點半，他母親就會把他從床上挖起來。因此，他早上有充分的時間可以打點衣裝，並且在家吃完早餐，才搭公車上學。儘管學校很近，走路上學很有樂趣，也能當作運動，家人還是不允許他走路上學，原因是走路上學實在是太危險了！

在學校裡，他幾乎整天坐著不動，聽老師講課，寫測驗卷。閱讀和寫作都是老師指定的題目，想做自己的事，簡直是癡人說夢。學校甚至取消半個小時的下課休息時間，目的在預防傷害和法律訴訟，並為孩童未來參加全國考試預留更多準備時間。

放學後，埃文一樣行程滿檔，家長希望讓他學習各項技能。星期一是足球課，星期二是鋼琴課，星期三是空手道，星期四是西班牙語。傍晚看過電視或玩電腦以後，他還需要多花幾個小時寫回家作業。他的媽媽每晚都要在聯絡簿上簽名，表示她有監督孩子的課業。

到了周末，他還要參加校隊聯賽和主日學課程。夠幸運的話，他還能到朋友家中和朋友打混，以策安全。他的父母總喜歡把他參加過的許多活動拿來說嘴，對外人說參加這些活動都是「個人的選擇」或說「他喜歡忙碌的生活」。他們將埃文參加的活動視為對七年後進入頂尖大學的前哨戰。埃文擁有堅強的體魄和驚人的意志力，但偶而還是會感到「虛脫」。

埃文是個成功的案例，但街上另一戶人家的漢克可就沒這麼幸運了。漢克被診斷出患有注意力缺乏過動症候群，他必須服用處方藥阿得拉（Adderall）（編按：成分含有安非他命，用來治療注意力不足過動症，在台灣並未核准上市）才能在校保持平靜。服用阿得拉之後，大小考試通通難不倒他。但藥物的副作用卻導致他食欲不振，徹夜不眠，甚至讓人覺得他是個「怪咖」。

他覺得在服用藥物之後，整個人好像變成另一個人似的，就連父母都覺得他在服用藥物後就提不起勁。但對此他們也束手無策，畢竟漢克需要通過各項考試，如果沒有繼續服用藥物，他可能無法跟上進度，到時侯只會更加絕望而已。

當然，並非所有兒童都和埃文或漢克一樣生活在「水深火熱」之中。但事實上，有許多兒童都和他們一樣面臨著相同的煩惱。很多孩子在高中畢業前後都感到全身無力。

在此，我想摘錄當地報紙的一段經典語句，雖然這段話出自一位十八歲的高中畢業生，但我可以想像七年後的埃文可能也會說出同樣的話：「我用我的生命來換取我的成績。在過去兩年內，我為了追求優異表現而天天睡眠不足。我幾乎每晚都要花五到六個小時的時間做功課。我最不想看到的就是學校。」

在同一篇文章中，另一位已錄取哈佛大學的十八歲高中畢業生，也描述了高中最後一年充滿壓力的生活。別的不說，他在高中就開始選修六門大學先修課程，參加摔角競賽，彈奏提琴，並且學習中國的水墨畫。他本人感到筋疲力盡，上大學以前，至少還需要一年的休養時間。

我在《今日心理學》（*Psychology Today*）的部落格上，看到了一段這樣的評論：「紐約市的兒童四歲便開始上幼兒園。我的好友，小孩在九月才剛上幼兒園。開學兩周後，他收到幼兒園老師寄來的信件。內容談到他的小孩『跟不上學習進度』。自此之後，他便不斷地收到老師寄來的信件、會面討論孩子的學習狀況。我的朋友試著在晚上回家為他的兒子複習功課，可憐的孩子卻乞求我的朋友讓他早點就寢。最後，他們兩人都感到非常沮喪和失敗。」令人嘆息的是，類似的評論隨處可見。

印象、雛形和例證是一回事，但確鑿證據又是另一回事。年輕朋友的心理健康，在統計學上，如何與過往幾十年的人互做比較呢？

年輕朋友因壓力過大而精神失調的比例，在過去五十年來不斷飆升。心理學家和精神病學家已開發出評估心理問題和心理疾病的標準問卷，和在過往幾十年來運用於年輕朋友的大型樣本調查。因此，運用同樣不變的方法來檢視某些精神失調的發生率，具有一定的可行性。

例如，泰勒顯性焦慮量表（Tayolr's Manifest Anxiety Scale）自一九五二年來就一直被用來評估大學生的焦慮程度，而兒童版本的泰勒顯性焦慮量表，自一九五六年來就一直用於國小學生。

另外，明尼蘇達多相人格測驗（Minnesota Multiphasic Personality Inventory; MMPI）自一九三八年來就一直用於大學生，而青少年版本的明尼蘇達多相人格測驗（MMPI-A）自一九五一年來就一直用於中學生。MMPI和MMPI-A的設計旨在評估某些心理問題和精神障礙（包括憂鬱症）的程度。所有問卷都包含有關自我的陳述，作答者勾選同意或不同意。例如，泰勒顯性焦慮量表就包括「我經常擔心不好的事情即將發生」和「我在大多數的時間裡都感到相當愉快」的問題。如果作答者在第一個問題中回答「是」，焦慮指數就會增加；但如果作答者在第二個問題中回答「是」，焦慮指數就會減少。

心理學教授吉恩．特溫吉（Jean Twenge）任職於美國加州聖地亞哥州立大學，他對年輕人在這些測驗上的得分變化進行了廣泛分析，結果相當令人沮喪，分析顯示，兒童、青少年和大學生產生焦慮和憂鬱的情況，在過往幾十年內均呈有不斷攀升的趨勢。事實上，焦慮和憂鬱的增加情況十分顯著，大約有八五%的年輕人，比五〇年代的年輕人焦慮或憂鬱。換句話說，現在的年輕朋友罹患重大焦慮或憂鬱的機會，比六十多年前的年輕人高出五到八倍。小學生、國高中生和大學生罹患重大焦慮或憂鬱的機會，同樣可觀。

在另一份研究中，卡珊德拉．紐森（Cassandra Newsom）等心理學家，分別針對一九四八年和一九八九年來自十四到十六歲青少年的MMPI和MMPI-A積分進行比較分析。分析結果與吉恩．特溫吉相呼應。以下，列出五個改變最大的項目。

另外，我們還能從自殺率，看出年輕人心理健康下滑的嚴重情形。美國自一九五〇年起，十五歲以下的孩童自殺率增加了四倍之多，十五到二十四歲的自殺率也增加了兩倍以上，二十五到四十歲的成人自殺率微幅增加，而四十歲以上的成人自殺率則有逐漸下滑的趨勢。

自殺率的增加似乎與現實世界中的實際危險及不確定性毫無關聯。像是景氣循環、戰爭或國家社會事件，普遍被認為可能會影響年輕人心靈狀態，但事實上並無關聯。在經濟大蕭條、第二次世界大戰、冷戰和混亂的六〇年代和七〇年代初期的兒童和青少年焦慮和憂鬱的發生率，都遠比現在還低。這種現象表示，相較於現實世界的情勢，年輕人看待世界的方式，似乎才是造成焦慮與憂鬱發生的主要原因。

我們所能確定的是，焦慮和憂鬱與人們的生活控制感有著強烈關聯。相較於無法控制周邊情勢變化的人，相信自己可以控制命運的人比較不會產生焦慮或憂鬱的情況。你可能會認為，現代防治疾病的能力已有實質的進展，因種族、性

改變最大的項目	1948 年	1989 年
1. 我早上起床時幾乎都感到清新愉快	74.6%	31.3%
2. 我工作時可以感覺到非常沉重的壓力	16.2%	41.6%
3. 我的生活大多非常緊繃	9.5%	35.0%
4. 我知道我不該擔心這麼多事情，但我就是沒辦法不擔心	22.6%	55.2%
5. 我怕我快要發瘋了	4.1%	23.4%

別或性取向，而受到拘束的舊有偏見已大幅減少，加上現代人比數十年前的人富有，個人的自我控制感應該逐步上升，但是，有關資料卻顯示，年輕人對命運的控制感卻不斷降低。

心理學家朱利安·羅特（Julien Rotter）在五〇年代晚期發展出一份「內、外控制傾向量表（Internal-External Locus of Control Scale）」的問卷，成為度量控制感的工具。該份問卷包含二十三組配對的問題描述。在每組配對問題中，其中一項陳述代表著內部控制傾向的信念（受自己本身的控制），而另一項陳述則代表著外部控制傾向的信念（受外在環境的控制）。受測者必須從每組陳述中選出自認為真的陳述。例如，一組配對題目可能如下：

(a)我發現，注定好會發生的事情就會發生。

(b)與其讓命運決定我的未來，還不如採取特定行動來改變命運。

在這種情況下，(a)表示外部控制傾向，而(b)則表示內部控制傾向。

特溫吉等人分析了一九六〇年到二〇〇二年間，以九到十四歲的孩童為研究對象並以羅特量表為研究工具的各項研究結果。他們發現，在此期間，兩組的平均分數均出現了「由內控轉為外控」的戲劇性轉變。轉變幅度之大，二〇〇二年有八〇%的年輕人比六〇年代的年輕人還要更顯外控（更缺乏個人控制），導致憂鬱和焦慮的發生率逐步竄升。

臨床研究人員一再表示，在兒童、青少年及成人之間，與外部控制傾向有關的無力感，的確容易造成焦慮和憂鬱的情況發生。當人們相信他們幾乎或根本無法掌控自己的命運時，就容易變得焦慮不堪。「可怕的事情可能在任何時間發生在我身上。對此，我將無可奈何。」當人們感到過度焦慮和無助時，就會開始出現「再多嘗試都沒有用、我死定了、完蛋了」等憂鬱情緒。研究顯示，外控型人格較內控型人格無法為自己的健康、未來及社區負責。

玩樂自由沒落，精神失調問題趁勢崛起

一般科學家會說相關性的研究結果無法證明因果關係，即使我們已觀察到年輕人的焦慮、憂鬱、無助感和罹患其他各式各樣的精神失調疾病的增加，以及玩樂時間日益減少，但後者卻不一定是導致前者發生的原因。然而，我們卻可經由邏輯推導的方式，找出其間的因果關係。

自由玩耍是教導兒童「天生我材必有用」的最佳方法。遠離大人之後，孩子可以盡情地玩樂。在玩樂的過程中，兒童可以真正獲得玩樂的控制權。在自由玩耍的過程中，兒童能學會自己決定，自己解決問題，自己創造並遵守規則，平等待人，而不將他人視為順服或叛逆的下屬。

在戶外玩耍的過程中，兒童會故意為自己增添適量的恐懼——盪鞦韆、溜滑梯、轉動遊樂器材、爬單槓或爬樹，或在樓梯扶手上溜滑板。他們不僅學會如何控制身體動作，更學會控制恐懼感。在社交玩樂中，兒童學會如何與他人妥協，如何取悅他人，以及如何調適並克服衝突帶來的憤怒。自由玩耍也是幫助兒童投其所好的最佳方法。

在玩樂的過程中，透過多樣活動的不斷嘗試，發現他們的天賦和喜好。這些都是教室課堂上所學不到的，兒童只能透過自由玩耍的經驗來學習，啟發興致並帶來歡樂。

反觀在校求學時，兒童根本無法自己作主，他們的工作就是完成老師交代的事。在學校，兒童學到的是，測驗成績代表一切。即便在校外，兒童還是不斷地受到大人的指導、保護、照料、排名、評比成績、批評、讚美和獎勵。在美國東北部就郊區富有家庭進行的一連串研究調查中，心理學家薩尼亞．魯瑟爾（Suniya Luthar）等人發現，最常受到家長壓迫和最常在課外進行補習活動的兒童，最有可能感到焦慮和憂鬱。當我們增加兒童的在校時間，或迫使其接受大人指導的活動時，兒童自由玩耍並學習掌控自我生活的機會就會跟著減少。最後，兒童只會覺得他們成了環境和強權的犧牲品。

幾年前，研究心理學家米哈里．齊克森米哈伊（Mihaly Csikszentmihalyi）和傑瑞米．杭特（Jeremy Hunter）在公立學校對六到十二年級的學生是否快樂進行了一項研究。在全國十二個不同社區裡，三十三所學校有超過八百位學生參與了該項研究，參與者被要求戴上特製手錶一周，手錶經由特殊設計，會在早上七點半到晚上十點半的時間隨機發出訊號。當手錶發出訊號時，研究參與者就必須填寫問卷，指出他們目前的所在位置、正在從事的事情，以及他們當下的心理狀態是否開心。顯然，兒童在校時的開心程度最低，但在離校、玩樂以及和朋友交談時，兒童的開心程度最高。和家長在一起時，開心程度則介於中間。平均來說，開心程度會在周末增加，但在周日下午和晚上，因為隔天就要開始上課了，開心程度反而出現「暴跌」的情形。難道教育兒童的最佳方法就是強迫他們進到無聊、不開心和焦慮的環境嗎？究竟是怎麼得出這樣的結論呢？

可怕又諷刺的是，教育只是我們用來剝奪兒童教育自我所需的自由及時間的託詞。我們以安全為名，剝奪了兒童瞭解、發展對生活的危險和挑戰所需的勇氣和自信，將扶養兒童的自然方法拋諸腦後，導致每年都陷入更加深層的危機之中。

不僅美國，在各個已開發國家中，我們完全忽視了兒童所具備的能力，為兒童創造了一個他們必須壓抑自我教育本能，並且盲目追隨大人為其鋪設道路的世界。我們親手打造的世界，除了逼年輕人發瘋之外，更讓許多人無法建立為自己的行為負責的自信和技能。

儘管如此，打開電視，我們還是看到很多名嘴和政客大聲疾呼加強學校教育的重要性。希望採納更加標準化的測驗，指派更多回家作業，加強督導，延長在校時間和國民教育，並對請假一到兩天進行全家出遊的兒童給予懲戒。來自政府各個階層的主要政黨政客，似乎都同意延長在校時間和加強考試測驗，絕對能比縮短在校時間和考試測驗好。

瞭解內幕的人，挺身而出、破除迷思的時候到了！兒童絕不需要延長在校時間，他們需要的是縮短在校時間和更多的自由。他們也需要夠安全的環境玩耍及探險。他們需要多多接觸各種工具、想法，和可以在人生道路上拉他們一把的人（包括玩伴）。

本書內容絕非只有「怨嘆」而已，而是想帶來「如何改善」的希望和路徑。本書非常適合希望讓世界變得更加美好的內控型讀者閱讀，讀完這本書的讀者將不再兩手一攤，並且無奈地說：「這個世界就是這樣……我們還是學會如何接受它吧！」我在下面幾章就會講到，物競天擇賦予兒童自我教育的強大本能，我們要笨到去剝奪兒童運用這些本能所需的各項條件嗎？

Chapter 2

狩獵採集文化充滿歡樂的童年生活

四歲的孩子該學什麼

繞過半個地球，暫時遠離埃文和漢克承受的教育壓力，我們找到了同樣十一歲、生活在非洲卡拉哈裡沙漠中狩獵採集部落的克韋，他生長在信任「兒童本能及判斷能力」的文化中，屬於茍瓦西族（Ju'hoan，非洲西南部納米比亞的一個村落）文化群體之一。克韋不用上學，也沒有固定的生活時間表，不但每天可以睡到自然醒，還能隨心所欲做任何事情。和不同年齡的朋友到處遊玩、探險，有時還一起在外宿營過夜，而且沒有大人在旁指導和監督。自四歲開始，他一直過著這樣的生活。

根據茍瓦西族的大人表示，他們認為四歲孩子已經擁有足夠的邏輯推理能力，也懂得如何控制自我行為，因此不需要大人在旁照顧。他們每天會自行安排新的冒險活動，並且從中獲得學習機會。

部落裡的孩子都希望盡快長大，因此克韋和朋友靠玩樂來體驗部落生活的各項活動，像是追蹤獵物，使用弓箭射下蝴蝶、鳥類和齧齒動物。

孩子的玩樂有時會擴大規模，他們建造類似大人在使用的木屋和工具，或誇張地模仿旋角羚、角馬、獅子，與其他數十種動物的聲音和動作。他們必須熟悉這些動物的習性，日後才能成為合格的獵人，並且以此本領預防掠食者的攻擊。在玩樂時，孩子會扮演各種動物，還會認真研究部落成年人或訪客的說話與動作，並用滑稽誇張的方式模仿他們。有時候，他們會冒險進入危險的叢林，找尋適合躲藏的隱祕地點，在這過程中，他們恣意奔跑、追逐、跳躍、攀爬、投擲和跳舞，逐漸發展出強健體魄，並培養肢體協調能力。

他們還會製造樂器，除了芎瓦西族熟悉的樂曲之外，他們也學會如何創作新的樂曲。沒有人要求孩子做這些事，也沒人給予他們所謂的「考驗」，這麼做單純為了滿足他們發自內心的渴望。

儘管有時較為年輕的大人會加入孩子玩樂的行列，克韋和朋友也會參與大人帶頭的活動或舞蹈，但沒有大人會去主導孩子該怎麼做。唯一會主導孩子的，便是他們的自由意志，因為這是屬於他們的童年。

從基因的角度來看，我們都是天生的狩獵採集高手。過去千百年來，透過物競天擇的淘汰機制，人類逐漸發展出現今生活的種種樣貌，而人類學家認為「狩獵採集者」是古代人類唯一穩定的生存方式。

一萬年前，在西亞的美索不達米亞平原出現人類最早的農業行為，後來才陸續出現在世界各地。農業的發明使人類生活出現翻天覆地的變化，大幅超越物競天擇的速度，人類必須盡可能適應這些變化，使生物機制演化符合「狩獵採集者」的天性和需要。如果我們將人類的起源訂在一百萬年前，那麼在歷史中有九十九%的時間，人類都是所謂的狩獵採集者。

二十世紀開始，受到農業、工業和現代生活方式的入侵，純粹的狩獵採集生活幾乎已經消失了，但是到了七〇和八〇年代，甚至更為後期的階段，人類學家開始長途跋涉進到地球最難以深入的地方，找到幾乎未曾受到現代世界發展影響的人間淨土和狩獵採集族群。

的確，在我寫這本書的同時，人類學家仍在研究「儘管和非狩獵採集者進行商業交易、卻仍然維繫各項傳統和祖先價值觀念」的狩獵採集族群。雖然這些狩獵採集者並非我們的祖先，但可以確信的是，相較於你我每天體驗的現代文化，他們的生活更為接近人類進入農業時代以前的文化。

目前在全世界發現到的狩獵採集社會，彼此在各方面皆有相當大的差異。（作者按：整篇章節在描述狩獵採集者的實際做法時，我會使用人類學家所謂的「當代人種學」，「當代」意指研究進行的當下，儘管這些做法在今日已不復存在。）實際上，他們各自擁有不同的棲息地、語言、儀式和藝術形態。

儘管彼此間存在著差異性——不論這些狩獵採集社會是在非洲、亞洲、南美或其他地方被發現——它們也有不少的相似處，像是類似的社會結構、價值觀及教養孩子的方式。這些相似處讓研究人員得以概括為「狩獵採集文化」，並使人們更加相信在農業時代之前，就已經存在一個主導整個社會的生活型態。

在這些社會型態中，最常被拿來研究的包括芎瓦西族（位於非洲的卡拉哈裡沙漠）、哈札族（Hazda，坦尚尼亞雨林）、木布提族（Mbuti）、埃菲族（Efe，剛果伊圖里森林）、阿卡族（Aka，中非共和國與剛果雨林）、巴迪族（Batek，馬來西亞半島）、阿埃塔（Agta，菲律賓呂宋）、納雅卡（Nayaka，南印度）、阿契族（Ache，巴拉圭東部）、巴拉卡納族（Parakana，巴西亞馬遜盆地）和伊瓦拉族（Yiwara，澳洲沙漠）。

本章將探討狩獵採集文化中孩子的生活和教育型態，也將談論文化本身的統一特徵。照我個人的定義來看，教育其實就是文化的傳承，在特定社會群體進行教育或教化的過程中，新一代的人類會傳承、沿襲上一代的技能、知識和價值觀，也就是所謂的文化。

想要瞭解狩獵採集者教育孩子的方式，就必須瞭解他們特有的文化與價值觀。

自治、共享與平等

狩獵採集者大多居住在小型部落中（通常有二十到五十個人，包括孩童），他們通常在廣闊的領土內自由移動，並過著「逐水草而居」的生活。幾乎所有研究人員都認同他們的核心社會價值包括「自治（個人自由）、共享和平等」。生活在現代民主社會中的我們也是如此，但狩獵採集者對這些價值觀的瞭解和重視程度，卻遠遠超過我們。

狩獵採集者擁有強烈的自治感，不會也不願指使他人該做什麼，甚至不會任意提供他人意見，以免干涉他人自由。每個人（包括孩子）每天都能自由決定要做什麼，只要不妨礙他人自由或違反社會禁忌即可。然而，他們並沒有累積私人財富、或使他人承擔債務的自由，因為這違反了他們的第二項價值觀——共享。

從經濟學的角度來看，「共享」為狩獵採集部落一同生活的目的，人們貢獻技能和努力，經由團結合作取得食物、抵禦掠食者並且照顧孩童。他們會跟同一部落或不同部落的人分享食物和物資，顯然，共享行為正是狩獵採集者得以在挑戰與考驗不斷的艱困環境中生存下來的原因。

狩獵採集者的共享概念與西方人不同，對我們來說「共享」是落落大方、值得讚揚的表現，除了想從對方口中聽到「謝謝」之外，還希望能在未來取得某些回饋。

但對狩獵採集者而言，共享既不是大方的行為，也不是討價還價的工具，相反的，那是一種義務。如果你比別人擁有更多的東西，別人會理所當然地認為你應該拿出來分享，如果你不願意與他人共享，就會被嘲笑和蔑視。

人類學家理查・李（Richard Lee）將狩獵採集者的自治感與共享期望稱作「激進的平均主義」，遠遠超出現代西方社會的機會均等概念。對他們來說，每個人的需求都具有同等的重要性，沒有人可以得到更多重視，也沒有人可以持有更多資源。平等概念是他們自治感的重要核心，因為不平等可能導致擁有更多資源的人相信自己比別人優秀，進而想要支配那些資源較少的人。

當然，他們也意識到有些人適合成為狩獵採集者，有些則適合當談判代表或舞者，雖然尊重珍惜這些特殊技能，但也強烈反對任何炫耀或公開表達優越性的舉止，而他們最常用來打擊自誇、自私或其他禁忌行為的武器，就是嘲笑和閃躲。

首先，他們可能會做一首曲子，用以嘲笑那些自以為是「大人物」和「非常偉大的舉動」，如果當事者還是不願改過，下一步就是乾脆把他當作隱形人，視而不見。這種手法特別有效，試想一下，如果每個人都嘲笑你、假裝看不見你，那你要怎麼繼續大牌下去？就像你囤積了大量食物，但是價格慘跌、一點賺頭也沒有，那又有什麼用呢？

由於高度重視個人自治與平等，狩獵採集部落並不像一般原始農業社會（或採集社會[1]）可以找出一位替大家做出決定的「大人物」或酋長，某些部落甚至根本沒有所謂的領袖。

有些部落會推舉幾位沒有正式決策權力的名義領袖，負責處理與其他部落之間的事情，他們會針對諸如搬遷營地之類的問題，經由長達數小時或數天的小組討論，在達成共識之後才做出最終決定。女人和男人一樣可以參與討論，甚至孩童也能發表看法。在部落裡，聰明的人擁有較大的影響力，因為他們具有說服他人、綜合眾人想法並提出妥協方案的能力。

信任式教養

研究人員經常以「放任」一詞，來描繪狩獵採集社會對待孩童的方式，但我認為應該以「信任」取代「放任」會比較恰當。在狩獵採集的社會關係中，不僅成人與孩童之間，就連成人彼此之間的互動關係，也都是建立在平均主義和自治精神之上。

他們教育孩童的核心理念，在於相信「孩童本能」。孩童可隨著他們的自由意志，自由學習自己想要擁有的生存技能，等到他們具備技能與成熟度之後，便會開始促進部落經濟的成長。研究人員將這種「信任態度」描述為（每位觀察者對於不同狩獵採集文化皆有不同的見解）：

- 澳洲原住民社會放任孩童的程度可謂至極，有些孩子甚至到了四或五歲都還在吃奶，而體罰更是少見。
- 狩獵採集者不會對孩童妄下指令。例如大人不會跟孩子說：「該上床睡覺了！」到了夜晚，孩童仍會圍繞在大人身邊，直到感到疲勞、躺平睡覺為止……巴拉卡納族成人（巴西）不會干擾孩童的作息生活，他們也從不打罵孩童，更不會在言語或肢體上對孩童施加暴力。除此之外，他們也不會讚美或追蹤孩童的發展。
- 「我的孩子」或「你的孩子」的概念並不存在於委內瑞拉的耶誇納（Yequana）。在耶

1 在這章我將焦點放在不同種的狩獵採集型社會。根據人類學家研究，這種社會可分為立即受益、狩獵採集者平等、或遊群社會。這些社會以小遊群的方式不斷遷移，並劃地自居，進行狩獵與採集植物。他們與延遲受益、狩獵採集者不平等的狩獵採集型社會剛好相反。他們也稱作收集者社會，而美國西北岸的瓜基烏圖族（Kwakiutl）和日本的愛努族（Ainu）正是此種社會的典型例子，是相對之下比較定居型的社會，會從特定地區的資源取得食物（一般是魚類）。在許多層面上，收集者社會比較像是原始的農業社會，而非狩獵採集型社會。他們比起遊群社會較少見，而且根據考古學證據，他們比較晚出現，而且與遊群社會相比，比較無法代表農業社會前祖先主要的生活情況。按照許多人類學家的用法，當我提到「狩獵採集型」，我指的是遊群、狩獵者採集者平等的社會。

誇納的社會文化裡，不論年紀大小，都沒有人可以決定他人應該做些什麼。每個人做的事情都很重要，但卻沒有人可以影響——更不要說是強迫——任何人。孩童的意志即為孩童的原動力。

- 位於哈得遜灣地區的因紐特（Inuit）狩獵採集者的孩童，幾乎可在不受大人限制的情況下，自由探索環境並挑戰自己的體能極限。因此，如果孩童撿到一件危險物品，家長通常會任由他去探索其中的「奧妙（危險）」。對家長而言，孩童必須學著瞭解自己在做些什麼。
- 芎瓦西族的孩子很少哭鬧，或許是因為他們覺得沒有什麼好哭鬧的。沒有人會對孩子大聲咆哮、甩巴掌或施予體罰，甚至連責罵都很少。多數孩童在接近青春期時，幾乎沒聽過任何令人沮喪或譴責的字眼，因為大人在某些情況下可能會譴責孩子，但也會以「輕聲細語」的委婉方式來講道理。

在我們的文化中，多數人認為這樣的放任態度只會寵壞孩子，養成他們予取予求的個性。但至少在狩獵採集者的生活方式裡，事實卻恰好相反。湯瑪斯（Elizabeth Marshall Thomas）是最早觀察芎瓦西族的人之一，她對「寵壞」一事的回應是：「有些人會告訴我們，『善待孩子』的教育方式可能會寵壞孩子，但這些人根本不知道這方式可能會帶來多大的成功。孩子的生活將免於挫折或焦慮，並且充滿陽光與合作……，芎瓦西族的孩子是每位家長的夢想，我們再也找不到一種文化，可以教養出如此聰明伶俐、討人喜歡，而又充滿自信的孩子了。」

在瞭解這種放任、信任的教育態度後，我們就不難明白為何狩獵採集社會的孩童要將大部分的時間花在「玩樂」和「探索」上面。經過幾個世紀的經驗累積，狩獵採集社會的成人普遍抱持的想法是：孩童可以藉由自我導向的玩樂和探索，來達到自我教育的目的。

為了深入瞭解狩獵採集部落孩童的生活，研究生強納森．歐格斯（Jonathan Ogas）和我進行了一項調查，對象是十位研究狩獵採集文化的傑出研究人員。[2]我們的問題是：「在您的研究中，孩童每天擁有多少玩樂時間？」

基本上，所有的研究人員都回答「每一天從早到晚，這些孩童幾乎都能自由玩樂。」以下是他們給予的典型答覆：

- 「男生和女生幾乎整天都有時間玩樂。」（Alan Brainard，南非的納魯族〔Nharo〕）

2 人類出現的時刻是根據我們單方面的判定。大約六百萬年前，黑猩猩和巴諾布猿等猿類，也就是我們最親近的親戚，從靈長類分化出來。到了四百萬年前，我們的祖先開始站立行走，到了兩百與一百萬年前之間，他們比其他猿類有更大的腦袋、會生火、製作工具、群居生活、靠獵取動物生存，並採集樹根、堅果、種子、莓果和其他植物。

- 「孩童幾乎整天都有時間玩樂，除非年齡已達一定歲數，否則沒人會要求孩童去做一些正經事」（Karen Endicott，馬來西亞的巴迪族）
- 「男生從十五歲到十七歲之間，幾乎都可以自由玩樂；女生除了需要做一些跑腿或保母的工作之外，也幾乎整天都在玩樂」（Robert Bailey，中非的埃菲族）

這些答覆與研究期刊的內容相當一致。在茡瓦西族孩童活動的正式研究中，人類學家派翠西亞．德雷珀（Patricia Draper）的結論是：「女生大概要到十四歲左右，才會開始正常的採集食物、水和木材，男生則要到十六歲以上，才會開始進行狩獵活動，而孩童則幾乎不用從事任何工作。」

有時候，人們會引用哈札族作為「狩獵採集部落孩童無法進行有效生產作業」的例外。哈札族孩童必須負責採集自己每天所需的食物，然而根據一份報告顯示，年齡在五到十五歲的哈札族孩童每天只花兩個小時，在營區附近採集食物，甚至還會在採集過程中進行玩樂活動。

儘管狩獵採集文化的大人並不想控制、指導或鼓勵孩童，但他們會藉由回應孩童願望的方式，幫助孩童完成自我教育。他們會讓孩童使用大人的危險工具，像是刀具或斧頭之類的，因為他們認為孩童必須透過玩樂來熟悉各項物品，而且相信孩童不會「笨到」去傷害自己。

儘管如此，大人的信任程度還是會有所限制，例如他們不會讓孩子拿到太過尖銳的飛鏢或弓箭。除此之外，大人還會製作小型弓箭、挖掘器具、籃子和其他類似器具，讓孩童或是還在學習走路的幼童玩樂。

他們會讓孩子觀看並參與所有成人活動。孩子擠在大人身旁，有些更小的幼童甚至會爬到大人腿上，單純觀看或「幫忙」他們煮飯、彈奏樂器或製作狩獵武器工具，在這些情況下，大人很少會把他們趕走。

對此，德雷珀也做出類似的描述：

有一天下午，我花了兩個小時看一位苪瓦西族父親敲打金屬，他正在打造一把弓箭。在這段時間，他的兒子和孫子（大約都在四歲以下）坐在他腿上，嬉鬧推擠，並試圖將弓箭從鋤頭下方拔出。

在兩個男孩的手指靠近箭頭時，這位父親只是靜靜看著，直到他們的手就要碰到箭頭時，他才又開始敲打鋤頭。雖然他有告誡這些調皮的男孩，但並未大發雷霆地追打他們。當然，男孩也沒有聽從他的警告，五十分鐘過後，男孩們才大感無趣，跑去和其他在樹蔭下的青少年遊玩。

當孩童希望大人示範某件事該如何做，或他們有需要幫忙的時候，大人便有責任順應他們的要求。正如狩獵採集者的研究人員所言：「共享和施捨是狩獵採集文化的核心價值，所以個人知識應該公開傳授給大家知道。如果一名孩童希望學到一些東西，其他孩童就有義務分享知識或技能。」

除此之外，狩獵採集者還會藉由講故事的方式來傳授知識，那些故事可能包括覓食與狩獵的冒險經歷、參訪其他部落，以及在過去發生的重大事件。湯瑪斯發現六十到七十歲之間的女性特別是述說過往故事的「高手」。

這些故事不只是讓孩子聽聽而已，他們會聽取並吸收其中的意涵。狩獵採集社會的孩子可以控制並主導自我的教育，而部落中的大人和其他小孩都可能是教育的資源。

技術、技能與知識

如果你認為狩獵採集文化比我們的文化還要「簡單」，那你可就大錯特錯了！他們孩子所能學到的東西比我們還多，狩獵採集的生活方式格外注重知識與技能，由於職業專業化的相對缺乏，每個孩子都必須學習所有的文化，或至少必須學習其性別該擁有的工作技能。

狩獵本身需要大量的知識和技能，不像獅子、老虎和野狼等肉食性動物，人類根本無法靠速度和蠻力進行追捕行動；我們靠的是智慧和能力。狩獵採集者——不論男人或女人——非常瞭解二、三百種不同動物和鳥類的習性，他們可以輕易地從聲音、行蹤和外觀識別出各種動物。

幾年前，路易·列本伯格（Louis Liebenberg）曾寫過一本關於狩獵採集者在野外追蹤動物的科學論證。狩獵者會運用他們在沙堆、泥土或枝葉上所觀察到的標記，作為追蹤動物的線索。他們運用經驗累積的知識來提出假設，並加以驗證，藉以瞭解動物的尺寸、性別、身體情況、移動速度和時間經過。

這樣的追蹤能力不僅對於尋找和接近獵物有所幫助，對追捕已遭槍殺的獵物也非常有用。他們會使用有毒的小型箭頭或飛鏢來進行獵殺，獵物受傷之後並不會馬上死亡，某些大型動物中毒身亡的速度較慢，因此追蹤時間可能長達數天，才能將動物屍體帶回部落。

人類學家阿爾芙·汪涅柏格（Alf Wannenburgh）在其描述芎瓦西族追蹤能力的文章裡，就提到「他們注意、考慮並且討論所有細節，包括遭到踐踏的草地是否糾結纏繞，樹枝是否因拉扯導致斷落，甚至動物腳印的深度、尺寸、形狀、蹤跡及位置，全都揭露出跟獵物有關的資訊——包括前進方向、速度及其未來的移動狀況。」

在相同的問題上，湯瑪斯寫道：「在遠處對著一群旋角羚射擊之後，為了確認其中某一隻已經受傷的旋角羚蹤跡，狩獵者必須靠各種不同證據來推算該獵物可能逃逸的方向，因為其他六或七隻旋角羚幾乎都具備相同的身型，所以這是必須進行的動作。尤其當所有足跡都不是清晰的腳印時……」即便是最微小的跡象，像是獵物腳印上的甲蟲對獵人來說都深具意義，因為甲蟲是在當日氣溫到達一定溫度才會移動的昆蟲。

狩獵工具——包括弓箭（有毒或無毒箭頭）、吹箭、有毒飛鏢、長矛、圈套及網子，全都必須以高超的技術精雕細琢，力求完美。而使用這些工具時也需要過人的技巧，部落裡那些年紀大約二十來歲、身體狀況正處於顛峰的年輕人，狩獵技巧反倒不如三、四十歲的成熟男人，因為狩獵知識和技巧就是需要時間與經驗的累積。

幾乎所有受訪者都指出在他們所研究的文化裡，男孩花了大量時間研究有趣的追蹤和狩獵，而兩個研究阿埃塔文化（女性與男性一同狩獵之地區）的受訪者則表示，當地的女孩和男孩會一起進行狩獵活動。

狩獵採集部落的孩童在三歲左右，就已經學會如何跟蹤、追逐小動物或一同玩樂的同伴，他們會用小弓箭射擊靜止不動的目標，或會移動的蝴蝶及蟾蜍。到了八或九歲時，他們已經會獵殺一些體型較小且可食用的動物，甚至還會模仿大人運送動物的方式，把獵物綁在一根棍子上扛回部落。

十歲左右，他們已經能提供少量肉品作為部落的日常食物，而當成長到十多歲的時候，他們便能加入大人間真正的狩獵探險，在旁透過觀察來學習，十六歲左右，他們會以「玩樂精神」正式加入大人的探險隊伍，開始玩真的了。

採集植物同樣需要豐富的知識和技能，人類並不像「人猿近親」適合吃現成的植物，因此採收後必須經過特別處理。無論男女，狩獵採集者都需要知道哪裡找得到根、莖、堅果、種子、水果和蔬菜，而且還得知道哪些可吃、如何處理，或透過特殊方法提高植物的營養價值。有研究顯示，這些採集技巧如同男性的狩獵一般，都需要長時間的經驗累積，因此約莫四十歲以上的婦女，才是部落裡最能有效採集和加工食品的高手。

狩獵採集部落的孩童不只要學習打獵技巧，更需要學習採集植物的知識與方法，他們會聆聽故事，也會加入大人的採集行動，用心觀看大人如何加工食品，並在能力所及的範圍內「幫忙」一下。

他們會玩弄挖土棒、研缽和杵，更會設計包括尋找和確定植物品種的玩樂，有時也會在大人指令下尋找指定的植物。阿卡族婦女在接受採訪時，仔細描述當她們年輕時，母親會在她們面前放置各品種的蘑菇和野生山藥，並一一解釋哪些可吃，哪些有毒千萬不能吃，而其中的差異又是什麼。

在所有狩獵採集文化中，男孩和女孩在某些（雖然不是全部）玩樂中，會以性別來區分彼此，男孩喜歡玩狩獵玩樂或其他以男性為主的活動，而女孩則喜歡在聚會中玩食品加工、分娩或嬰兒護理等以婦女為主的活動。

幾乎所有玩樂都能讓不同年齡的孩子混在一起，從四歲到十幾歲都有，年紀小的可以從哥哥姐姐身上學到生活技能，而大哥哥大姐姐則必須照顧小朋友，藉此學會領導的能力。換言之，雖然孩童可以從大人身上學到東西，但一起玩的孩童其實也是彼此的「老師」。

研究人員還指出孩童會在玩樂中模仿大人的各種行為，除了狩獵採集，還包括照顧嬰兒、爬樹、造藤梯、建築小屋、製作工具、製造木筏、生火、做飯、抵禦肉食動物攻擊、模仿動物（識別動物及瞭解其習慣的一個方式）、製作音樂、舞蹈、講故事和爭論。

狩獵採集者族群具有豐富的傳統音樂、舞蹈和故事，孩童可以在玩樂中製作並演奏樂器、唱歌、舞蹈及講故事，甚至是串珠設計或製作其他視覺藝術作品。

有時候，狩獵採集者會遇到必須逃離或避開掠食者的情況，所以不管年紀大小或是男是女，都需要健康且靈活的身體。在農業和工業社會中，男生通常比女孩從事更多勞力工作，但在狩獵採集社會中，男女生都得從事需要耗費體力的工作。

在所有的狩獵採集文化中，舞蹈和類舞蹈玩樂是玩樂中相當流行的形式，他們互相追逐，根據地形在樹上攀爬，或做出擺盪、跳躍、游泳、提重物等各種技巧，並將其編排在舞蹈中，練習彼此合作以及優美協調的身體律動。

社會技能和價值觀

狩獵採集部落讓孩童擁有無限的時間玩耍，因此他們有很多機會來實踐社會技能，以及生活中最核心的價值觀。社會性玩樂（也就是超過一個以上的玩家）本身的性質為「持續性的合作」、「重視彼此需求」及「雙方都同意的決定」。

玩樂開始後，並不會強迫每個人都要堅持到最後，如果過程中有任何不開心，隨時可以退出，但如果太多人退出，玩樂就結束了。為了讓玩樂持續進行，孩子在滿足自己的欲望之外，也必須滿足其他人，因此可以從中學習如何接納別人的意願，並商量妥協不同的意見。

我們的文化研究一再顯示，即使是學齡前的兒童，在玩樂中亦包含大量的談判和妥協（詳見第八章）。社會性玩樂進化的目的之一，是幫助孩童學習如何以平等的方式尊重彼此，儘管有身高、力量和能力上的差異，仍需滿足每個人的需求和欲望。這些技能對於如何在狩獵採集社會裡生存非常重要，我們都需要別人的幫助和支援，學習如何以同樣的方式對待他人。

正如我前面提到的，在狩獵採集部落裡，不同年紀的孩童全都混在一起玩耍，即使想和同年齡的朋友玩也沒有辦法，因為狩獵採集部落的規模都很小，且分布範圍又相當廣，所以很難找到兩個或三個以上年紀差不多的玩伴。

我們的文化研究顯示（詳見第九章），混齡玩樂與同齡玩樂的本質不同，混齡玩樂的競爭力較低，但教育性較高，每個孩子都想盡力表現好的一面，比較不會毆打他人。當玩伴的年齡、體型和力量有很大的不同時，就不需要靠打鬥來證明自己比別人強，混齡玩樂的本質，再加上以「平等」為主的文化，讓狩獵採集部落的孩童，在玩樂中展現高度的合作性和非競爭性。

在五〇到六〇年代進行的全球跨文化玩樂比較中，約翰．羅伯茨（John Roberts）和同事們得出的結論是：「唯一看起來沒有任何競爭性的玩樂文化就是狩獵採集文化」。受訪者皆強調他們在玩樂中觀察到的「非競爭性」，如同人類學家比昂．格裡芬（P. Bion Griffin）所述，阿埃塔孩童在玩樂時只有一個共通性規則，就是「任何人都不應該在乎輸贏」。

洛娜．馬歇爾（Lorna Marshall）指出，最苳瓦西族的玩樂是非正式且不具競爭性的，即便是有明確規則，且可以發揮競爭力的正式比賽，依然以不具競爭性的方式執行。

例如，五歲至十五的芎瓦西族孩童常常玩丟「zeni」的玩樂，「zeni」是由約十八公分長的皮條製成，一端裝上輕的物品，另一端裝上羽毛，玩家要用棍子將它往空中丟，越高越好，然後在飄下來的時候用棍子接住，接著再用力往上丟。

這個玩樂需要高超的技巧，很容易上手並能發揮競爭力，通過觀察可以知道誰丟得最高，或連續接住次數最多的人。但根據馬歇爾的說法，孩童並不會這樣玩，他們會全力以赴，好知道自己有多厲害，但不會相互比較、分出勝負。

很多玩樂需要玩家彼此之間協調好該如何密切配合，如同在他們的舞蹈和舞蹈類玩樂一般，例如有趣的置網狩獵，操作網子的人和從樹叢裡趕出獵物的人必須合作，如同大人網獵時那般協調彼此的行動。

另一個例子是樹人飛彈，在玩樂中孩童必須協調他們的行動，將樹枝彎在地上，然後放開，若有人沒有做好放開的動作，就會在樹梢上來回擺盪或甚至被彈到空中。樹人飛彈不但能幫助孩童學習如何彼此合作，也有利於培養團隊精神。

研究中非洲木布提族的科林．特恩布爾（Collin Turnbull）介紹了「拔河玩樂」，這是部落每年在蜂蜜季節的慶祝活動之一，大人和孩童一同參與拔河，男性和女性分別拉著藤繩的一端，並在拔河時輪流唱歌。特恩布爾表示如果男性那邊贏了，會有一人離開自己陣營並加入女性那邊，他將脫掉自己的樹皮上衣，並調整為女性的穿著打扮，再用誇張的假音大喊鼓勵，同時也是調侃她們。

同樣的，要是贏的是女性那組，也會有一個女的脫掉樹皮上衣大踏步走進另一組，並對男性們用深低音的聲音叫喊與嘲弄。特恩布爾繼續說道：「每個到另一組的人都試圖讓整個狀況變得更加好笑，也因此帶來越來越多的笑聲，直到所有人都笑到沒辦法繼續唱歌或比賽，因而放掉手上的藤繩，最後全笑倒在地上。雖然藤繩兩邊都由孩童和成人所組成，但製造笑果的主要仍是孩童……那些嘲弄與調侃並無敵意，反而令人感受到部分的鑑別度和同情心，正是這樣不論性別的暴力和攻擊性，讓勝負可以避免，亦可表現出競爭本質的愚蠢。」

幾個研究人員紛紛對「互讓玩樂」發表意見，一歲大或甚至更小的幼兒對於有人在他面前丟接東西感到很有興趣，只是重複丟丟接接，就能引來幼兒天真快樂的笑容，他們說那幾乎是正常幼兒的本能。

在美國有個實驗，在一百個十二至十八個月大的幼兒當中，至少有一個會在短時間對話中，自發性地將玩具遞給成人，這種舉動在我們的文化裡並不會引來討論，但在某些狩獵採集文化中卻是會被讚揚的。

芎瓦西族的幼兒就被刻意培養這種行為，他們將牽著幼兒的手把珠子拿給別人，用以帶領幼兒進入共享與貢獻的文化，這是我在狩獵採集者做法敘述研究中，發現成人對孩童玩樂有系統且故意的影響例子，對他們而言，沒有任何人格特質可以比「給予或分享」更重要了。

一個成功的成人狩獵採集者，不僅要擅長分享與合作，也要懂得判斷他人的需求和願望，更無須與他人敵對，這種自我主張的實踐在社會玩樂中無處不在。除此之外，孩童會刻意模仿大人的說話方式與表達論點，如特恩布爾下方所述，九歲以上的木布提孩童會開心地重複模仿、並試圖修正他們從大人那裡聽來的爭論：

可能是前一天晚上，孩童在部落裡親眼目睹大人正在爭論，於是分配角色開始模仿大人，演出爭論的過程，這幾乎是種判斷的形式，如果大人們已經藉由爭論解決了事情，孩童很可能就會放棄模仿。如果成年人的爭論並未解決事情，而且晚上都帶著壞脾氣睡覺的話，那麼孩子就會討論大人該如何改進做法，並透過模仿表現出他們可以做得更好。如果不能的話，他們會在角色扮演時搞笑嬉鬧，直到大家都笑到趴在地上滾，而這剛好是成人世界出現暴力和危險紛爭時，最終得到解決的方式。

自我控制

研究人員常常針對狩獵採集者「非凡快樂」和「堅忍不拔」的精神發表評論，人類學家理查．古爾德（Richard Gould）寫道：「我注意到吉布森沙漠（獵人——澳洲採集者）族群有同樣的喜悅和歡樂，甚至面對艱困的生活時亦是如此，這種快樂似乎經過訓練，讓他們學會苦中作樂，因為抱怨只會讓事情變得越來越糟。」

狩獵採集者會接受曲折的命運，並加以利用讓自己變得更好，而不是抱怨。珍．萊德羅芙（Jean Liedloff）在她的經典著作《富足人生的原動力》（*The Continuum Concept*）中說明了他們面對困難的態度。作為一個年輕且愛冒險的女人，萊德羅芙與兩名義大利探險家在委內瑞拉雨林進行鑽石探勘，在此行中，她與兩個義大利人和幾個來自陶里本（Tauripan，祕魯）文化被聘為助理的南美原住民，在熱死人的陽光下，努力划著沉重且笨拙的獨木舟。為了暫時逃離這個痛苦的工作，她向後退了幾步拿起相機拍攝現場，以下是她以相對超脫角度所見之報告：

> 在我面前的幾名男人都在執行同一個任務，那兩個義大利人非常緊張、皺著眉頭，對每件事情都大發脾氣，並以托斯卡納獨特的方式罵個不停。其餘的陶里本人則是樂

在其中，他們在嘲笑獨木舟的臃腫、建立戰鬥式的玩樂、在划行之間放鬆及嘲笑自己的擦傷，並在獨木舟搖搖晃晃向前壓住其他艘獨木舟時，會笑得特別大聲。在可以鬆一口氣時，他們總是笑得最大聲，並且恣意享受他們的放鬆時光……當我完成拍攝並重新加入團隊時，我在剩下的航程中選擇了文明和享受。

後來，萊德羅芙與陶里本人在委內瑞拉境內，和另外兩個南美族群生活了一段時間，她對他們的嬉鬧、在困苦中對生活的輕鬆態度，和他們自在愉快的互動方式印象深刻。當時，萊德羅芙觀察的族群並不完全是狩獵採集者，因為他們有小花園，可以補充狩獵採集不足之處，但顯然也保留了狩獵採集生活的價值觀和態度。

狩獵採集者面對困難時的快樂能力令人驚訝，在湯瑪斯關於苪瓦西族的書中，她說了一個故事：有個女孩從部落外踩到一個捕獸夾，那是生物學家為了捕抓鬣狗所設置的，捕獸夾不僅緊緊固定在地上，其鋼齒更刺穿了女孩的腳。女孩只能用另一隻腳站立，無助地等候救援，在經過幾個小時的痛苦之後，在同一區狩獵的叔叔才從遠方趕來救她，但叔叔打不開捕獸夾，只好回部落尋求幫助。

湯瑪斯對此事的評論如下：

我永遠忘不了當大家把女孩帶回部落處理傷口時，她所表現出的平靜，不久前她還在鬣狗經常出現的地方熬過了好幾個小時，處於極度孤單、無助且疼痛萬分的狀態中，但回到部落，她卻好像什麼事都沒發生過似的，一臉輕鬆，甚至還以無所謂的態度跟族人說起剛剛發生的事。換作是我，在這種情況下根本不可能如此鎮定，我曾經懷疑芎瓦西族的神經系統是不是在先天上比我們還好，但事實上根本沒什麼兩樣，而是他們的「自我控制」做得比我們好。他們這樣的生活態度絕對來自長期生活的自我調整，因為沒有什麼比一個哭泣、孤獨且無法逃脫的掙扎獵物，更能吸引肉食性動物的注意了。

為了生存，有時裝作沒事反而比較好，尤其當生活已經很辛苦了，這類的鎮靜可以使事情停止惡化，更能讓人在即使壓力環伺的逆境中，仍可因此找到幽默感。

狩獵採集者如何建立自我控制的非凡能力呢？沒人知道，據我所知，在這之前沒人研究這個問題，而我的理論是：他們的能力某部分是經由廣泛玩樂建立起來的。

三〇年代時，偉大的俄羅斯心理學家利維．維高斯基（Lev Vygotsky）指出，與其他孩童自由玩耍，是讓他們學會控制衝動情緒的主要方式，玩耍的動力讓他們忽視其感到不適的地方，並抑制衝動，使其能繼續遵守玩樂規則，而這種能力日後將逐漸轉移到比賽之外的生活。

最近，動物研究（詳見第八章）認為玩耍是「大腦控制恐懼、憤怒以及在緊張情況下執行有效行為」不可缺少的，這不可能是巧合，因此，來自給予孩子越多自由玩耍空間國家的人，顯然也擁有更佳的自我控制能力。

我聽到有些人說：「好吧！這可能對狩獵採集者而言是好事，但跟教育我們國家的兒童有何關聯呢？」

這是個好問題，我們的孩子可能不需要與狩獵採集者兒童學習相同的東西，但確實需要學習許多不同於狩獵採集者兒童的東西，對初學者而言，狩獵採集文化中並沒有閱讀、寫作和算術。我們的文化仍比狩獵採集文化更具多樣性，滿足狩獵採集者教育需求的進化學習本能，已足夠應付我們國家目前的教育方式。

下面的章節將提出令人信服的證據：若狩獵採集者的成年人擁有與我們國家相同的條件，孩童的本質和狩獵採集者的學習方式對我們國家的教育亦已足夠，這種規定需要努力，但並非我們目前義務教育的方式。

首先，來看一些讓我們瞭解「現代學校起源」的歷史。

Chapter 3

學校為何變成現在這樣：教育簡史

我們是否想過孩子怎麼會從克韋變成埃文呢？又是什麼讓我們的學習從自我導向、快樂至上，變成強迫式學習，使得許多孩子開始無助、焦慮，甚至憂鬱不安？

今日的孩子依照法律規定必須上學，幾乎所有學校體制都大同小異，社會更不厭其煩地為這種教育體制貢獻金錢和心力。背後的原因是什麼？如果我們沒有強迫孩子去上學，或是學校不照著規定走，是否長大之後他們就會變成沒用的人？

事實上，曾經有另類的教育方法且成功了，關於這點我稍後會做說明。現在的兒童應像過去一樣有自我導向學習的本能，只要給予自由和機會，孩子是可以自我學習成長的。

曾有數十萬年的時間，人類安穩地扮演狩獵採集者的角色，身體本能也跟著適應那樣的生活。之後農業社會來臨，根據考古學家的說法，作物耕種始於一萬至一萬一千年前的中東肥沃月彎、九千至一萬年前的中國東部、五千至六千年前的南美洲和墨西哥，以及三至四千年前的北美洲。

我們不知道各個地區的農業是如何開始發展的，但想必是經過漸進式的演化，聰明的人類發現可以藉由除草、挖灌溉渠道，讓糧食作物可以順利成長且平安度過乾季，並得以控制大自然食物的供給量。最終，這些技能逐漸發展成完善的農業——有系統的播種和採收，以及馴養牲畜。

農業社會的建立，掀起一連串有如旋風般的生活型態變化，顛覆我們教養孩子的方法。

農業如何改變親子教養的目的？

農業為人類的生活帶來進步，像是穩定的食物供給、減少飢荒的威脅，不再像過去需要逐水草而居，且能定點居住在堅固的房子，藉以保護我們不受野獸或是天災的侵襲。

但是農業卻得付出很高的代價，不是人類在放棄狩獵採集生活以前可以預見想像的，它改變了生活方式，讓自由、平等、分享和享樂等價值觀的重要性逐漸降底。當我們咬下農業這顆禁果的那一刻起，我們便離開了伊甸園，最重要的不再是享樂，而是辛勞。

狩獵採集者的生活需要很多知識、技巧，但不需要過多的勞動工作。要成為一個成功的狩獵採集者，必須獲取有關動植物的知識，並依靠這些知識在大自然中與萬物共存。人類發展出精湛的工藝，學會運用狩獵採集工具、發揮想像力去尋找食物、跟蹤獵物，同時也保護自己不受野獸攻擊。但過度開發又會造成大自然孕育新生命的速度趕不上人類收成的腳步，因此拚命的狩獵採集只會造成反效果。

此外，狩獵採集是一種既享受又刺激的活動，部分歸功於所需要的深度知識和技巧。人類學家指出狩獵採集者不像現代人會把工作和享樂分開，他們從小就把狩獵採集當成遊戲看待，然後逐漸靠它來養活自己。他們一直認為這是一件有趣的事，沒有「工作辛勞」的概念。

人類學家馬修．薩林斯（Marshall Sahlins）曾發表著名理論，認為狩獵採集社會群體即是「原初豐裕社會」——他們的富饒不是因為物質充裕，而是因為需求很少。一點點的勞動便能滿足他們的需求，因此有空的時候就會進行各項活動，像是「作曲、唱歌、演奏樂器、手工藝、講故事、玩遊戲、拜訪其他部落，甚至只是躺著休息」。這些事都會讓人感到快樂和愜意。

然而農業改變了這一切，隨著食物供給的穩定，人類可以生養更多後代，於是開始告別游牧生活，永久居住在耕地附近。這種進步也使人類以勞動付出了代價，狩獵採集者只需要採收自然產物，但農夫卻得犁田、播種、耕耘、畜牧等等，食物來源穩定，但事情卻增加太多。

農業雖然需要花時間耕作，但大都是重複性高的簡單工作，大部分都可以由孩童來完成。在較大的家庭裡，孩童必須在田裡耕作，以養育年幼的弟妹，或是在家照料他們。孩童的生活就此從自由追求自己的興趣，逐漸變成以工作為主，如此才能供應一家大小所需。

一個農業家庭擁有越多的土地和物質，生活條件就越好，他們能養育更多孩子，等待孩子長大後繼承更多財富和獲得更高的地位，也因此能吸引更多同伴，不論是成家或立業，都會比別人來得容易。因此，在狩獵採集社會中本是負面的價值觀，像是「辛勞、童工、私有財產、貪婪、階級和競爭」，在農業社會中反而都被接受了。

社會型態的改變導致工作量增加、玩樂減少，雖然得到更高的物質生活水準，卻也失去大部分的閒暇時間。拿定居群的孩童和游牧群的一比，就會發現定居群中的孩童必須承擔較多的例行工作，當然也就失去許多玩樂時光。

男女生的待遇也不同。女生在母親或其他女性長輩的監督下，必須負責照顧弟妹和料理家庭雜務，男生則因為在外放牧牛羊等動物，可以暫時離開家裡，不但能避開長輩監督的視線，也能進行探索和玩樂的活動。

根據長期與班寧人（Baining）一同生活的學者珍．法陽斯（Jane Fajans）研究指出，班寧文化的核心價值即是工作，恰恰是玩樂的相反。他們認為玩樂不僅占據工作時間，而且還是可恥的行為。成年人相信孩童應該在工作中學習他們所需要的知識，而非玩樂的時候。

他們努力壓抑幼稚愛玩的心，勉強自己全心投入工作，班寧文化的人生哲學似乎故意和狩獵採集者唱反調：他們摒棄天性。「只拚命工作不玩耍，再聰明的孩子也會變傻。」人類學家紛紛指出班寧文化大概是他們見過最單調的文化了。

隨著農業社會到來，各地文化開始有了各種不同的變化，好鬥的雅諾馬米人（Yanomami）和沉悶的班寧人僅是兩個極端的例子，並非所有原始農業社會的價值觀都與狩獵採集社會天差地遠。然而，對世界各地的農業社會而言，農業的進步似乎減少了兒童自由的程度，也助長了懲罰式的教養方式。

一九五〇年代，赫伯特・貝瑞（Herbert Barry）、厄文・蔡爾德（Irvin Child）和瑪格麗特・培根（Margaret Bacon）依據人類學文獻，將原始社會根據孩童教養主義和方式作為分級，一端是強調服從、使用體罰的族群，另一端則是注重兒童自信、甚少體罰的族群。

他們發現這個排行與該族群的謀生技巧大有關聯：當一個群體依靠農業生存超過狩獵採集的程度，就有可能會以重視服從、忽略個人意見、使用嚴厲的方式去規範孩童。其他後續的研究也發現了類似的結果。

拿理想農夫和理想獵人來做比較，可以發現成功的農夫幾乎都需要遵守規矩，因為生存風險太高了，如果作物因為天災人禍導致無法收成，就等於一整年的食物供給都沒了。農夫不像獵人樂於分享食物，因此毫無收成的農家就等於要挨餓。

此外，農業社會通常都遵從階級制度，想要成功賺取金錢和建立社交生活，就必須服從於那些更富裕、更有地位和權力的人。於是理想農夫的條件便是：保守、順從、守規矩。農家對孩童嚴厲管教，就是為了讓他們養成這樣的性格。

此外，狩獵採集者在社交上的成功，並非取決於對上級是否服從，而是將有效表達自己看法和意願的能力。他們透過協商、妥協與同伴達成協議，而不是威脅、屈服。因此，理想的狩獵採集者是有主見、企圖心、創意、樂於冒險，而他們對孩童的放任式教育，便是為了培養出這樣的特質。

在學者卡洛·恩伯及馬爾文·恩伯（Carol & Melvin Ember）的研究中，分析了大約來自兩百個不同群集的數據，藉以瞭解孩童體罰和社會特性的關聯。他們發現在越是習慣使用暴力的群體裡，家長對孩童使用體罰的比例也越高。

除此之外，他們還發現「體罰」和「社會階級」的重要關聯，在階級制度越明顯的家庭裡，家長就越常使用體罰。學者指出，體罰的目的是為了教導孩子尊敬這項制度，對於位高權重的人，孩子應該學會無條件服從。

而狩獵採集者和後續族群對孩子教養方式不同的原因，主要是農業社會為人類帶來的不只是新的食物製造方法，還帶給人們對於大自然全新的看法。狩獵採集者把自己視為自然界的一部分，他們與大自然共存，而不是對抗；他們對自然界的大小麻煩逆來順受，並盡全力去適應環境。

農業社會則不斷想要控制大自然，人類馴服動物和種植作物，讓它們成為人類的幫傭。因此，隨著農業的興起，人們也將控制大自然的觀念延伸到其他方面，例如孩童。對於孩童教育的見解，也是建立在農業社會的範例上，例如我們說養小孩，就好像在說養雞或是種番茄；我們說訓練小孩，就好像我們在說訓練馬一樣。

從說話方式和行為舉止來看，顯然大部分家長都認為「孩子是屬於我們的」，就如同馴養的家畜一樣，可以控制孩子的成長與行為舉止。就像訓練馬來配合人類移動或耕作，我們也訓練孩子去做「我們認為對將來有用的事」，卻從不考慮孩童或馬本身的意願，只是一味壓抑他們的自由意志。

封建制度和工業時代的深厚影響

農業在歐亞大陸上發展以來，「土地所有權」變成勢力和財富的代名詞，沒有土地的農夫必須仰賴地主，而地主則利用他們的勞力來增加財富。因此開始出現所謂的奴隸制度、契約奴工與支薪勞工，當時孩童就是在這樣的大環境下長成。

大約在公元九或十世紀，大部分歐亞國家的社會結構都以封建主義為主，國王擁有整個國家的土地，將部分交給貴族代為管理，貴族再從中分出一部分授權給其他貴族成員。

大部分的人口都聚集在金字塔最底端，這些人被稱為農奴，他們在分配到的小塊土地上耕種自己所需的食物，不但要繳納金錢，還要服侍把地分給他們耕種的地主。而他們的孩子也將繼承這樣的契約，代代相傳。

農奴就是所謂的奴隸，農奴的孩子從幼童時期開始，就必須到田裡幫忙幹活，有些人會在貴族宅邸或修道院中做僕役，幸運一點的可以跟著技工當學徒，擁有一技之長的人，長大後有機會為自己多爭取一點自由。

對大部分的人來說，中世紀最被看重的人格特質是「服從」——服從父親、服從莊園主人、服從國王以及服從「萬王之王」（天上的神），而教育也在這種風俗之下，變成訓練服從的同義詞。人性中的任性與自由精神必須被打壓，才能成為稱職的僕役，孩童受到的體罰不僅來自家長，還包括任何權力在他們之上的人。

十五世紀，在法國、西班牙和英國的封建制度被君主制度取代，國王的權力無限上升，貴族則失去他們的權勢，於是人民直接為國王服役，而不再透過為貴族奴役的方式。農業社會帶來更多物質上的需求，有些人便因應需求發展改以交易維生，而貨幣、放款機構和資本主義便逐漸形成。

因為資本主義和工業社會在歐洲開始普及，促進商人的發跡，最終君王制度被人民推翻，使得有經濟實力卻尚未擁有高等地位的實業家，在政府體制內終於得到了發言權。商人如同地主一樣需要工人，並可以靠增加工作量與支付低廉薪水，進而賺取更多利潤。

直到今日，商人對勞工的剝削依舊存在。剝削的對象包括孩童，他們花大量時間在惡劣的環境下工作，僅是為了混口飯吃而已。孩童離開了充滿陽光、新鮮空氣的田地，被迫到昏暗、擁擠、骯髒的工廠，或煤場裡工作，也就此喪失了工作中偶爾玩樂的機會。

在英國，政府官員經常把貧窮兒童或是孤兒交給工廠，讓他們像奴隸般的辛苦工作。每年有數以千計的兒童死於疾病、飢餓和過勞。在工業傳到美國之後也引發了類似結果，在一八三二年，新英格蘭工廠裡有三分之二的工人是七到十七歲的孩童，而一周內有六天，都從天亮就開始工作，直到晚上八點。這樣的歷史背景，讓我們不得不去思考現今學校的由來。

早期的教會學校：教化和遵從

狩獵採集者的信仰很有意思，他們信奉的神代表了大自然的力量，彼此之間相較平等，幾乎沒有掌管人類的權力。但是隨著農業的發展，以及階級地位的產生，宗教信仰也隨之改變了。

神明變成了讓人敬畏、敬拜和順從的對象，而神與神之間也出現了階級排行，最後發展成一神論的宗教，例如猶太教、基督教和伊斯蘭教，階級差異極大的宗教體系，由唯一、萬能的神所統治，都需要子民敬拜與奉獻。

・天主教會「由上到下」的學習控制

統治中世紀歐洲的羅馬天主教會，有一套清楚的權力結構——從上帝之下是教宗，再來是樞機主教、主教、神父到最低的教民——與封建社會的金字塔形成對照。物質必需品在世俗的金字塔裡是由上往下供給，教會也一樣是把知識和救贖由上往下傳遞，在底層的人民只能學習、仿效和跟隨。

羅馬天主教會也壟斷了所有知識，除了承擔起保存和詮釋聖經的工作之外，也伸及至古希臘羅馬學家的經典著作，因為知識就是力量，教會不但壓制新的知識，甚至還壟斷自己的教義。

為了防止知識外流，他們改用拉丁文寫書，若是想要從事知識性職業，例如神學家、律師、醫師等等，除了要有能力、有意願，還要經過官方許可才能學習拉丁文，並進入教會所主持的大學。教會創辦大學可不是讓人自由探索知識學問，而是為了闡述和鞏固教義。

教會甚至會針對不聽話、愛頂嘴的孩童給予體罰，中世紀的階級社會與教會體制要求人們必須服從，藉由拷打、酷刑、極刑等等威脅強迫人們遵守規矩。而教義裡的「原罪」則成了人類受勞苦時的唯一解釋，自然也成了打小孩的正當理由。

聖經裡有三個典型的例子：「愚蒙迷住孩童的心，用管教的仗可以遠遠趕除（《箴言第二十二章第十三節》）、「人若有頑梗悖逆的兒子，不聽從父母的話，他們雖懲治他，他仍不聽從，父母就要抓住他，將他帶到本地的城門、本城的長老那裡……本城的眾人就要用石頭將他打死（〈申命記第二十一章第十八至二十一節〉）、「當孝敬父母；又說：咒罵父母的，必治死他（《馬太福音第十五章第四節》）」。

・新教的興盛與義務教育的由來

在理論上，新教思想和資本主義對孩童是以「自律」為目標，而非「訓導」，比起傳統天主教，新教教派更加注重教育的普及化。一六四二年，麻薩諸塞州成為美洲第一個執行學校教育的殖民地——由清教神職人員帶領，以「培養兒童成為良好的清教徒」為目的。

一六九〇年，在麻州及幾個附近的殖民地，孩童都使用《新英格蘭啟蒙書》學習閱讀，通稱為「新英格蘭的小聖經」。啟蒙書中收錄了主禱文、使徒信經、十誡與許多精心設計的教學課程，目的是要灌輸孩童孝順父母的觀念，以及對神的敬畏。學童必須背誦帶有警戒意味的經句來增強道德教育，像是以下由清教牧師詹姆士．詹敏威（James Jameway）所寫的小調：

上帝喜愛那些
說真話的人們；但每個說大話者
必有毒藥在湖中
將與硫磺焚燒，以及火

讓我管好我的嘴巴
以免受死罪和地獄
因為上帝計算
孩子說過的每一個謊

早期新教學校以「死記硬背」作為主要教學方法，學習被視為工作，而非玩樂。但在某些學校裡，孩童被允許在休息時間玩樂，只是玩樂並不被校方當作一種學習媒介。

在教室裡，嬉鬧被視為是學習的敵人，新教學校對玩樂採強硬的態度，可以從約翰．衛斯理（John Wesley）為衛斯理學校所訂的校規中窺知一二：「我們既沒有玩樂日，也沒有玩樂時間；因為小時候愛玩的人，長大後也必定好逸惡勞。」

兒童的本能就是愛玩、幻想、提問和用自己的方法來探索世界，反覆背誦的填鴨式教材只會讓他們感到厭煩，若強迫兒童必須適應這種強迫式的教育，最後一定會引起他們心裡的反抗。截至目前為止，幾乎所有重視兒童喜好的想法，早都被遺忘得一乾二淨。

「壓迫」原本是被用在田裡和工廠的手段，被引進學校之後，一些薪水較低或根本不夠格的教職人員，就會變得更加殘酷。

一位德國教師記下他五十一年教職生涯中，曾經用在孩童身上的懲罰，以下是其中的一部份：「九十一萬一五二七次以棍棒教訓、十二萬四〇一〇次以拐杖教訓、兩萬〇九八九次用量尺拍打、十三萬六七一五次以手拳打、打嘴一萬〇二三五次，揮七九〇五個耳光，及打頭一百一十一萬八八〇〇次」從這段文句中，可以看出他對自己的教誨非常引以為傲。

十八世紀著名的麻州牧師約翰．柏納（John Bernard），在日記裡寫下自己並不太在意童年時曾被老師暴力相向的過去。他小時候常因為愛玩被老師打，沒有好好學習課業也會被打，甚至因其他同學的牽連而遭到體罰。因為他是個聰明的孩子，所以被老師交代要幫助其他同學，所以當其他學生無法背出課文時，他也會被老師處罰。

日記裡他只有抱怨過一次，就是有位同學陷害他，故意背不出課文害他被懲罰。最後約翰·柏納解決了這個問題，就是在下課後給對方「一頓教訓」，並且威脅不會就此罷休。他說：「這些日子其實還不賴。」

十七世紀晚期的普魯士王國致力於推動新教教育，學校運動由奧古斯特·赫爾曼·富朗開（August Hermann Francke）主導，然後發展出類似今日的學校體制。他開發了一系列標準化課程（以宗教問答集為主），以及培訓與考核教師的方法。甚至還在每個教室裡裝上沙漏，讓大家明白以時間為準的課程表——「守時」是新教工作道德中的重要環節。

他提倡盡可能使用「溫和的」管教方式，認為棍子只該用在處罰孩子品行不端，而不是背誦錯誤的時候。但他的主要工作仍是教育孩童的人格養成，他提道：「兒童人格的養成會影響到他們的想法，也包括領會……尤其，我們不該放任孩童與生俱來的任性。致力傳授學問、培養孩子理解力的老師雖然應該被表揚，但光是這樣還不夠；他忘了最重要的任務，就是讓孩子學會服從。」

富朗開相信影響孩子最有效的方法，就是確實執行檢查和監督。他寫道：「大部分年輕人不知道如何規範自己的人生，所以當讓他們打理生活時，常會出現懶散及不道德的表現。因此，本校制定一項規矩，不許學生走出督學的視線之外。有監督人在場可以抑制學生做壞事的傾向，同時逐漸削弱他的叛逆心。」

也許我們今天所用的言詞略有不同，但現代教職人員已無數次表明了同樣立場。我們這個充滿嚴密監督的教育體制，就是建立在學生無法做出合理抉擇的基礎上。

雖然普魯士王國的國教是清教，但除了清教學校，國王腓特烈（Friedrich）也容許天主教設立學校，因為天主教比清教更強調對統治者的忠誠。以下，是一段在一七六八年普魯士天主教學校的教師手冊中，規定學生必須熟記的問答文：

問：誰受到國王權力的統治？
答：所有人……
問：為什麼我們一定要遵從當權者？
答：所有的權柄來自上帝。
問：國王的權勢從哪裡來？
答：他的權柄來自上帝。
問：上帝把權柄交給誰？
答：任何一位掌權的人。因為所有人使用的權利都是由上帝交給他的，臣民必須服從、忠誠以及恭順，即使統治者與我們信仰不同。這是使徒保羅給我們的教導，他曾在異教的羅馬皇帝之下生活。
問：抵抗當權者是什麼意思？
答：抵抗當權者就是違反神的旨意。
問：那些不遵從當權者的人會怎麼樣？
答：他們會被打入永恆的地獄。

公立學校的出現

十九世紀起，歐洲各地的教會被迫放棄政治權力，教育工作已經開始由國家接手。當時文字已處處可見，識字率在歐洲以及北美洲都已普遍提高，大部份孩童可以在家跟父母學習閱讀，因此公立學校最主要的目的不是傳授讀寫能力了。

在十九世紀初期，大約七十五%的美國民眾（包括奴隸）都已學會識字，而歐洲也顯示出類似的數據。在大西洋兩岸，識字的人口遠遠超過實際需要讀寫的職業人口。

在政府高層和商業領袖看來，最緊要的事並非教導人民讀寫，而是控制他們閱讀的內容，以及想法和行為。反對教會的教育領袖因此支持國家掌管學校體系，並依法要求兒童就學，這樣一來，國家便可以培育出愛國且具備工作能力的下一代。

在此時，已是發展新教學校佼佼者的德意志邦聯，也同樣帶領國家設立公立學校。德國教育領袖們推行義務教育的主要原因，在於希望將農夫改造成忠誠、守規矩的德國公民。

一七九四年，普魯士國王腓特烈．威廉二世（Friedrich Wilhelm II）公然宣布：「從此刻起，兒童教育便是國家的職責，而不再是家長或是教會。」從此，各個社區開始建立學校，到了一八三〇年代晚期，大約八十%的普魯士兒童在公立國小就學，而其他德意志邦聯下的成員國也開始陸續跟進。

其他國家也不落人後，將學校教育視為培養國土安全的必備職責，重要性甚至與軍隊同等。政府要求兒童接受義務教育的權力，就如同徵召青年服兵役一樣，在法國，拿破崙更是把學校教育視為軍事訓練的第一步。

最徹底工業化的英國則是最後跟上潮流的國家之一，主要原因是英國童工盛行，企業家希望把孩子留在工廠做工，而父母也不願放棄孩子賺的那一筆收入，雖然薪水微薄卻非常必要。

除此之外，十九世紀的英國已建立起多種成功的教會以及私立學校，童工利用主日學來學習讀寫和教規，而非教會體制的私立學校則提供各種職業技能教育，藉以補強或代替傳統的學徒制。英國的統治階級對於推動民眾讀寫能力的普及毫無興趣，因為他們巴不得人民不識字，以免越來越難以控制。

一八七〇年，英國國會通過教育法案，確立了公立小學系統，以及要求所有五到十三歲的兒童都必須到學校就讀。這次立法的幕後推手是一群真正關心兒童福利的改革者，他們相信即使不是一整天，只要讓兒童走出工廠、走進學校，照樣可以給予兒童學習成長的機會，日後才能打破貧困的惡性循環。

其中最具影響力的義務教育提倡人，是著名的神學與史學家約翰．布朗教士（Rev. John Brown），他曾寫道：「為了培養出優秀公民，有必要讓孩子從小就養成好習慣，甚至以有益的偏見來束縛他們的心智（請容我這樣說），創造出有一致性，且符合社會道義的思想和行為」。

美國麻州（美國教育的領導者）是第一個硬性規定義務教育的州。一八五二年，在美國第一位州級教育部長霍瑞思．曼（Horace Mann）的領導下，麻州開始要求每個社區都設立免費的公立學校，強制所有八到十四歲的兒童每年至少要上十二個禮拜的課。他認為義務教育是一種啟發兒童投身產業和回饋社會的方式。在那之後，其他州一個接著一個跟進，到了一九一八年，唯一還沒施行的密西西比州也通過了義務教育的法令。

美國社會學協會發起人之一的愛德華．羅斯（Edward Ross），在十九世紀晚期發表一系列陳述美國義務教育精神的文章，他認為公立學校的作用在於「從家家戶戶中集合充滿可塑性、就像一塊塊黏土的小朋友，並在社會的大案板上塑造他們」。

羅斯明白兒童容易從生活周邊環境學習新事物，尤其是跟身邊的人學習，因此他想要確保學習環境的一致性。他深信兒童很容易把話聽進去，也喜歡模仿大人的模樣，他曾寫道：「孩子就是會模仿，所以給他一個老師去仿效，而不是他的父親，這麼做的好處在於前者經過篩選，後者不是。」

學校的標準化與影響力不斷增加

公立義務教育系統確立之後，體系制度和教學方法便不斷向標準化發展。為了提昇學習效率，兒童依照年紀一一分班，並按照年級逐年晉升，就像生產線上的產品一樣，每位老師的任務便是遵循預先規劃好的時間表，一點一滴地把官方認可的知識加到這些產品上，在經過測試之後，交付到下一個工作站。

當時，學校裡大都以女性教師為主，主要是因為女性教師的薪資比男性低，但也跟女性能柔化學校教育的形象有關，善良溫柔的她們較少對學生使用體罰，這讓學校體制的形象更能符合某些家長的軟心腸。

一開始，女性教師只被稱為「助教」，協助那些幾乎都是男性的「主要教師」。即使到現在，特別是在小學裡，仍然是以女性教師和男性校長為主，某種程度上，這使學校像極了「一夫多妻制」的階級社會，由男性掌管重權，女性則直接與最低層的孩童進行接觸。不論是從前還是現在，學生的工作就是守時、聽話、順從、專注、依指定時間完成指派作業、熟記課業和以好成績報答老師，而不是去質問學習的內容或教學方法。

十九世紀中期，當國民義務教育在麻州開始實施，一學年僅上課十二個禮拜，就學年齡僅限八到十四歲的兒童。隨著時間過去，不僅上課周數延長了，修業年限也跟著增加。第一章曾提到，二十世紀的前半段被視為「兒童自由玩耍的黃金時期」，因為當時的孩子不再需要長時間待在工廠工作，而學校教育也遠比今天輕鬆許多。

隨著上課周數及修業年限的不斷拉長，家庭作業增加，考試變得越來越標準化，並在孩子升學中扮演最重要的角色，學校逐漸接管孩童以及家庭的生活。

現在多數人認為童年和學校教育是分不開的，我們以學業成績來區別他們的程度，下意識地把學習當成一門工作，並強迫他們在仿照「工廠模式」建造的學校裡幹活。我們把這一切視為常態，卻沒停下腳步思索這樣的教育有多麼違反人性，因為它來自人類歷史上的陰暗時期，一段人們認定兒童有先天上的罪孽，並以過度使用童工著名的時代。

我們已經忘了兒童本來就會透過玩樂和探索，進行自我導向的學習，不僅如此，我們還剝奪他們自由學習的權利，並約束他們依據學校裡冗長乏味的方法學習。

Chapter 4

義務教育體系的七大罪宗

1234567

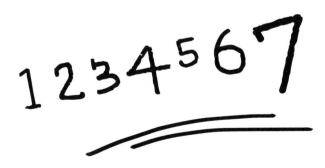

小孩子都不喜歡上學

幾年前進行的一項大規模研究顯示，對小孩來說，在任何地方都比在學校還要來得快樂。他們不喜歡學校的原因，通常是因為同學的關係，而不是課程本身。兒童對學校反感成了國際笑柄，但這不僅發生在國內，只要是法律規定兒童必須上學的國家都是如此。

漫畫裡經常出現一種情境：每次開學第一天，學生都百感交集、鬱悶痛苦，但家長卻樂翻天（顯然是對孩子整天待在家裡感到厭倦了）；學期結束的最後一天恰巧相反，輪到家長感到痛苦了。然而，如果我們換個立場，用在學校裡對待孩子的方式來對待大人，肯定沒人會覺得好玩。

不久前，我讀了由認知科學家丹尼爾・威靈漢（Daniel T. Willingham）寫的《為什麼學生不喜歡學校？》（*Why Don’t Students Like School*），這本書曾獲得學校老師的一致好評，但我發現書裡並沒有解答「為什麼學生不喜歡學校」這個問題。威靈漢認為學生之所以不喜歡學校（也沒有學到很多東西），是因為老師沒有充分瞭解認知原則，因此無法展現出自己的實力，更無法以最好的教學方式讓學生吸收。

根據推測，如果每位老師都能採納威靈漢的建議，運用最新的認知科學，就能讓學生喜歡上學。幾十年來，我們看到許多源自行為主義者的類似書籍，再來是皮亞傑學派（Piagetians），最近則是來自認知神經的科學家，他們認為最新調查結果將能幫助學校解決問題。

正如其他寫這類書籍的人，威靈漢假裝忽略學校體制，即使它像個坐在教室中間擠壓兒童的龐大怪獸。我敢說，兒童之所以不喜歡上學，是因為對他們來說學校就像個監獄。就跟其他人一樣，兒童喜歡自由自在的感覺，所以不喜歡上學，他們討厭在學校裡處處受到拘束限制。

不只威靈漢沒注意到學校其實是個龐大怪獸，我們整個國家都是如此，只要到過學校的人都知道那裡就像個監獄，但幾乎沒人會這麼說，因為怕被人覺得自己沒教養。對於這個觀點，我們必須小心翼翼地處理，因為不僅顯得我們很殘酷，也愧對那些希望孩童接受良好教育的善心人士。

但我們不禁要問，為什麼這些善心人士願意把自己的孩子推進監獄，或一個禁錮兒童的機構呢？民主政府的建立基礎乃是自由和自決原則，怎麼可能會矛盾到制定一套法律，規定兒童和青少年必須在監獄裡度過他們的黃金時期？

我身邊有很多認識的人，都經歷過多年的公立學校教育，我的母親、妹妹、堂兄妹和許多親朋好友，他們都當過公立學校的老師，我怎麼能說這些熱忱善良、樂於助人、愛護兒童的人，是在禁錮學生的制度下任職呢？

根據一般通用的定義，監獄是使人無法自主、充滿約束並且限制自由的地方，而學校就好比成人監獄，犯人被告知他們該做的事情，而不遵守規定的人就得接受懲罰。在校學生必須花很多時間執行他們該做的事情，而在監獄裡的成年人也是如此，不同的地方在於：我們將成人關進監獄是因為他們犯了過錯，而我們將兒童送進學校則是因為他們的年紀。

有時，人們用「監獄」比喻必須遵循卻感到非常不愉快、或根本不想做的事情與規則。因此，某些人認為他們的工作場所就像一座監獄，甚至婚姻也是，但這都不是「監獄」的正確用法，因為這些例子涉及到自願和非自願性。

我們可以拿其他民主國家做比喻，強迫人們到不想去的地點工作，或是強迫不想結婚的人走進婚姻是違法的；相反的，如果你是家長，而孩子不想去上學，「不強迫」孩子上學卻是違法的。確實有些經濟富裕的家長，在孩童和國家都同意的前提下，尋找替代教育或在家自學，但這卻不是當今的社會規範。因此，儘管工作和婚姻可能在某些悲傷的情況下感覺像是監獄，但就我們所知，學校才是真正的監獄。根據上一章節所提到的學校歷史淵源，這種情況應該並不特別。對於新興宗教改革者來說，學校應該是建立在「假設兒童是天生罪人」這個論點上的懲教機構，為了從地獄中把孩子救出來，他們被要求先修正自己的罪惡，然後再

將這些兒童送往相關學校，進行重新塑造

隨著時光流逝，類似的宗教語言已不復存在，但舊有觀念卻依然屹立不搖：兒童是不稱職且不可靠的，他們需要教育的強制性和修正功能，塑造成社會公認的菁英份子。

我認為值得廣為宣傳的另一項觀點是：義務教育形同長期監禁。雖然這個說法聽起來很刺耳，但同樣地，如果有義務教育，我們就會被迫接受教育。「義務」一詞如果有任何意義，那就是人們沒有選擇的權力。

「義務教育」與「兒童監禁」究竟是好是壞？多數人似乎認為義務教育是件好事，甚至有其必要性，但我卻不同意這樣的觀點。之後，我將說明自己對義務教育制度內含七大罪宗的看法。

在後續的章節中，我也將提出大量證據來證明這些觀點，如果我們願意給予兒童自由和機會，在不受逼迫的情況下自由學習，他們就能夠激發出特定的學習動機，並以自己的方式獲得更好的學習。

・罪宗一：無法以正當理由和程序拒絕

這是義務教育最為明顯的過失，也是其他過失的立基點。我們民主制度價值觀的基本前提，就是不得在沒有正當理由和正當程序的情況下，剝奪任何人的自由。成年人的監禁判決尚且需要法庭證明該人有罪，或者嚴重威脅到自己或他人；然而，我們卻只根據年齡來囚禁兒童。

根據民主制度的價值，只因兒童的年齡而禁錮他們是不道德的，除非我們能證明兒童如果沒有這樣的禁錮，將對自己或他人產生危害。但事實上，我們根本提不出這樣的證據，而我也將提出更多反例來反駁。

·罪宗二：干涉個人責任與自我導向的發展

內戰英雄大衛·格拉斯哥·法拉格特（David Glascow Farragut）九歲那年，即被任命為美國海軍官校學生，在一八一二年的戰爭中，年僅十二歲的他被任命為英國俘獲船隻的指揮官，並暫時擔起領導海軍的重責大任，指揮那些年紀比他大二到四倍的成年人。

偉大的發明家湯瑪斯·愛迪生（Thomas Edison）在入學三個月後便離開了學校，因為在他八歲那年，老師認定他得了「腐壞的大腦」疾病（現今可能會被診斷為注意力缺陷過動症）而不適合上學。愛迪生留在家裡開始有系統的自學，在他十二歲那年，不僅擁有自己的公司，還賺到跟大人差不多的收入。兩年後，他更成功出版一份報刊。

法拉格特和愛迪生都是優秀的人才，在十九世紀中期、義務教育時代尚未開始前，兒童承擔成人責任並不是一件稀奇的事。然而，現今那些住在郊區的中產階級十二歲兒童，並不被認為具有「臨時保母」的能力，或是在沒有成人陪同的情況下，就無法自行從學校步行回家，只因為他們年紀太小。我們的社會已經認定他們是沒有能力、且無需承擔責任的小孩。

對於孩童與青少年無法進行理性決策和自我引導的看法，只是一個自我預期與預言的證實而已。讓兒童受制於學校環境，以作業填滿他們的空閒時間，根本沒有任何生產效益。

我們剝奪了他們實踐自我引導和責任的時間和機會，因此，家長和老師都認為孩童並不具備任何能力，就連孩童自己也這麼認為。隨著時間推移，義務教育已經擴展到更為廣泛的年齡層，讓無能的信念不斷向上延伸。

義務教育系統所隱含（但有時卻又相當明確）的訊息如下：「如果你在學校做完所有被告知要完成的事，一切的一切終將美好無缺。」對此信念深信不疑的孩童就會放下「自我教育」該有的責任，誤以為大人已經為他們找到必須要做的事情，並已瞭解成年人如何獲得成功。

如果他們的生活並未變好，他們就會扮演受害者的角色：「我的學校（或家長、社會）對不起我，這就是我的生活變得一團糟的原因。」這種受害者心態建立於童年時期，並將持續一輩子。教育已成為年輕朋友生活的主導力量，個人的無奈感持續攀升。

馬克．吐溫（Mark Twain）曾說：「我從來沒有讓學校來干預我的教育。」不幸的是，義務教育已從馬克．吐溫所處的年代逐漸擴展開來，因此，想不被學校影響自我教育，已經變得更加困難。

．罪宗三：破壞學習的內在動機（將學習轉變成硬性規定的任務）

孩子從來到這個世界後便開始學習，他們天生好奇且愛玩，他們以教導自己適應這個社會與物理世界的方式，來進行各種探索及玩樂。他們是一部小小的學習機器。

從一歲到四歲左右，他們就能在沒有任何指令的情況下，學習大量的技能和資訊。他們學習走路、跑跳及攀爬，學習理解並且練習說話，學習維護自我的意志、爭論、娛樂、質疑和交流，並且知道該如何提出問題。他們從身邊學習到令人難以置信的大量知識，而這些都來自於他們天生的本能和動力。

孩子學習的強烈意願和能力並不會在五或六歲時自動結束，反而是我們用義務教育制度扼殺了他們的天性。學校最重要的課程，應該是盡可能避免讓孩子產生「學習即為工作任務」的想法，因為他們認為這根本不是快樂的遊戲。

學校強制地將學習變為工作任務，老師們甚至稱它為作業：「你必須完成作業才可以玩。」無論老師稱之為作業或其他名詞，在學校的學習就是工作，任何根據日程表、依據某人的決定而被迫完成的事情，就是工作。這不僅控制孩童學習的樂趣，也是使學習轉變為工作的死板行徑。

天才科學家阿爾伯特・愛因斯坦（Albert Einstein）喜歡在學校演算數學，但卻討厭學習，他就明白指出義務教育只會帶來有害的影響。他在自傳中寫道：「現代教學方法尚未完全扼殺神聖的摸索與好奇心，真是一大奇蹟！摸索與好奇除了帶來刺激之外，主要就是代表自由的需求，沒了這一點，剩下的僅是破壞和毀滅。我個人認為，藉由脅迫的手段和責任感來加強觀察和摸索的樂趣，是一項非常嚴重的錯誤。」

另外，愛因斯坦針對刻板教育還另外寫道：「不論喜歡與否，人們都應該將所有東西記在腦海裡，脅迫就是具有這樣的阻嚇作用。在我通過期末考後，我發現自己在這一年裡都討厭思考任何科學問題。」天才愛因斯坦最終想辦法在學校教育中生存，沒有喪失探索的好奇心與發揮他的想法。

對孩子的學習情況進行分數評估，並與其他學生做比較，這讓學習不僅成為例行性的工作，更成為他們焦慮的來源。閱讀速度比較慢的學生在別人面前閱讀時，經常會有焦慮感出現，而測驗和對失敗的恐懼則幾乎讓每個孩子產生焦慮。

在我大學的統計學課程中，這種現象出現的比例相當高，即便是著名大學的學生也有數學焦慮症，很顯然是因為他們曾在數學課裡嘗到屈辱的滋味。基本的心理原則（詳見第七章）是焦慮將抑制學習的效果，也就是說，歡樂的心理狀況可增加學習效果，而焦慮只會抑制學習的歡愉感。

・罪宗四：以羞辱、恥辱、傲慢、玩世不恭和哄騙的方式來判斷學生

迫使人們去做不想做的事情，並沒有想像中的容易。起先，學校最常見的脅迫工具是藤條，另一個方式則是公然羞辱。校長和老師會在同學面前嘲笑行為不端或表現不佳的孩童，有時僅是口頭羞辱，有時則要求學生戴上一頂寫著「笨蛋」的帽子，並且整天都得坐在特製的笨蛋椅上。

雖然現在老師已經很少使用藤條體罰學生，所謂的笨蛋帽也消失了，但是學生的羞辱感並沒有隨之消失。我們給予孩童不斷地測驗、分級並做出成績排行榜，以鼓勵他們做好自己的功課。若他們的表現比同學還糟，就會感到羞愧（劣），反之則會感到自豪（優）。

羞辱感會讓某些學生排斥努力念書，或者不斷被自卑感困擾。學生藉由普通的才能獲得好成績，心理上極有可能發展成過分自豪，榮譽感則有可能變為驕傲感，並被其他成績差的人輕蔑；因此，輕蔑「成就」了當今社會的民主價值觀和民主進程。

我們用分數和排行來激勵學生念書，根本是在冷嘲熱諷和欺騙。學生不斷聽到高分所代表的價值——地位提升及最後的自由都必須取決於分數，因此學生相信學習的目標就是要拿到高分。

在他們十一歲或十二歲時，會憤世嫉俗地認為學校就是個死板板的學習場所，大部分做的事情根本毫無意義，只要考試一結束，他們就會忘記到底考過些什麼。

學生逐漸發現學校對於「作弊」的規定相當武斷，甚至跟學習無關。如果學生做了一份專有名詞和數據的整理表格，並且在考試時拿出來參考，就會被認定是作弊，然而如果是製作表格，並把上面的內容背下來應付考試，這樣就不算作弊。

另外一個例子是，如果是以複製並轉貼他人作品的方式，書寫自己的學期論文，這樣算作弊，但如果是使用本質上相同的東西，然後加以運用，那就不算作弊了。

學生們可以理解學校區分作弊的規範有如為遊戲定下規則，但是他們並不想玩，因為他們對所學的東西只有些許的瞭解，或根本完全不懂，這樣怎麼區分如何算是作弊？在這種情況下，他們很難遵守所謂的規則。

在一份匿名問卷調查中，約有九十五％的學生承認自己作弊過，七十％的人曾經多次明目張膽的作弊，例如考試時抄其他人的答案，或論文直接抄襲整份報告。

此外，調查除了顯示近幾年作弊數量明顯增多之外，作弊學生的種類也開始出現轉變。過去會作弊的，大都是沒念書或不擅長考試的「普通學生」，然而現在很多被抓到作弊的，卻是最好的大學和研究所的「優秀學生」，也就是在考試中背負巨大壓力的優勝者。

正如某位高中生打電話到電台節目中所說的：「我在高中時讀的資優班，因為我想考進最好的大學，而這一班所有的人都在作弊，因為我們需要很好的成績，才有資格進入到最好的學校。」

曾有一個年輕人寫信給我，信中提到：「雖然我不感到自豪，但我在高中和大學時都有作弊，而且我從來沒被抓到，甚至連學校的學生代表都是作弊慣犯。只有靠作弊，我才能得到高分，如果我不作弊，就只是一個普通學生，然而家裡並不允許我只有中等的成績，所以我必須變得更加聰明才行。不幸的是，『智能』在某程度上比『誠實』還管用，學生因為不誠實（作弊）而獲得獎勵，這真是令人傷心。老師常說：如果你在學校作弊，就只是在欺騙自己，因為你是在欺騙自己的教育。」

但這種說法，只有當你不作弊時學到的東西，比靠作弊節省下來的時間更有價值時，才站得住腳。在 X 科目中作弊，可節省更多時間真正學習你所在意、且可能不是學科項目的 Y 科目。如此思考，還不算真正地欺騙教育，學生們非常懂得這個論點。

以我跟學生互動的經驗，有些人反對作弊的理由是：受不了作弊的學生傷害沒有作弊的學生。大多數學生並不想傷害其他人，他們把制度視為敵人，並以作弊來打擊或摧毀制度，但並不會把其他學生視為敵人，所以當他們認為自己傷害了別人時，心裡還是會感到難過。

事實上，學生會被抓到作弊的主要原因之一，就是他們自己大嘴巴，忍不住跟其他人分享作弊的成果，最終一個傳一個，傳到某位教職員工耳朵裡，而最終那個舉報作弊的誠實學生，就是所謂的「抓耙子」或「報馬仔」。

在其他方面，靠作弊得高分對很多學生來說，似乎是一個雙贏的局面。他們自己希望得到高分，父母也希望，當然連老師也希望，但老師一般不會刻意去抓作弊，甚至往往會忽視作弊，因為學生的分數越高，他們也會跟著沾光。

在這個高失業率的時代裡，由於學校教職員必須承擔風險與責任，於是我們聽到越來越多的教師和校長，靠著自行提高學生成績來保障他們的工作。而許多家長對於小孩的作弊行為，所採取的反應措施並不是譴責孩子，而是到法院控告指控作弊的學校教職員。

我們教育制度的悲劇之一在於：它教導學生，生活是一連串必須利用手段，才能通過的考驗，而且成功取決於別人的判斷，而非現實、自我滿足的成就。很多人在離開學校、並開始體驗到更多自由後，拒絕教育制度帶給他的遺毒，但也有很多人從未質疑。

他們永遠就像學生一樣，對於讓人「印象深刻」比獲得真正的成就感更感興趣，這些人會繼續在科學、商業、法律、政治，或任何他們追求的職業領域中繼續作弊。對他們來說，在學校裡養成的作弊習慣可以沿用一輩子。

・罪宗五：干預合作發展並促進霸凌

我們生來就是「合作性強烈」的社會物種，即使在學校裡，孩童仍能找到方法來相互協助，但就算學生常有機會在學校聽到「如何幫助他人」等議題的演講，學校卻是與這種價值觀背道而馳的場所。

在學校設計的課程中，我們只能學到自私、被迫激烈競爭、不斷被評分，並且為學生分級排行。這等於在教導所有學生，必須在課業上強迫自己做得比別人更好。

事實上，給予其他學生太多幫助即是作弊，幫助他人提高名次可能傷害自己的名次。最相信學校的學生，一定瞭解他們變成了意圖打敗他人、而非幫助他人的學生。

學校的分齡制度和缺乏自由玩耍的機會，阻礙了孩童合作、同情和培育的發展，在正常的情況下，孩子會自行發展互助合作的能力，在自我導向及社會遊戲中，他們學習協調解決彼此之間的不同意見，並考慮彼此的需求，好讓遊戲能繼續進行（詳見第八章）。

在這方面，任意混合不同年齡的兒童具有特別價值。研究人員發現，年幼兒童的存在，將自然激發年長兒童的教育本能（詳見第九章）。在一起玩耍時，年齡較大的孩子會幫助年幼的兒童，並以這種方式學習領導能力，以及培養成熟與友愛的概念。但這部分卻不會在學校出現，在學校裡他們被迫與自己同齡的孩子進行遊戲，根本無法進行自由、且不受監督的遊戲。

過去幾十年內，教育占據孩童生活的比例越來越大，混合年齡越來越少也就不足為奇，心理學家記載了年輕人之間「自戀流行率」的不斷攀升（定義為過度的自我關心和缺乏對他人的關心），分齡、學校競爭的氛圍以及其他學生的漠視，都助長了霸凌或小圈圈、派系的產生。那些不被小團體接受的孩子，可能會遭受其他同學無情且殘忍的對待，甚至無力逃脫。

試想你的孩子每天在學校被人欺負會是什麼樣子。不論你是十五歲、十三或十一歲，因為某個你無法控制的原因，而被同學挑選為嘲笑和羞辱的對象，讓你在學校的每一天都像活在地獄裡。

你會被同學罵「妓女」、「婊子」、「賤貨」、「奴隸」、「膽小鬼」、「敗類」或者更糟，同學會在走廊上故意撞你，並撞掉你手上的書本，而且沒有人要跟你一起吃午飯，如果有人和你走在一起，就會因此惹來無謂的騷擾，直到他們離開你為止。

這些遭受霸凌的人，不是漫畫中那種沒人喜歡的人，或是偷了同學午飯錢的壞孩子，相反的，他們通常是廣受歡迎的孩子，像是運動員、啦啦隊員和乖學生。他們不僅在孩子群中很受歡迎，在教師、學校職員和社區成人之中也相當有名。

不管你的孩子在學校裡如何被人對待，法律規定大家都必須上學。如果你沒有足夠能力將小孩送去私立學校，或者讓學校董事會相信你可以在家好好教育小孩，那麼你的小孩就必須去上學。但是，你又能怎麼辦？正如成千上萬每天在學校裡遭到霸凌的孩子，你就認了吧！

你的孩子只有讓自己變得更加堅強，才能在學校生存下去，他可能是唯一瞭解自己痛苦程度的人，可能會想自殺，甚至幻想用暴力手段來報復學校，但如果他就像大多數孩子一樣，這種想法就只會停留在幻想階段。但一個特別脆弱、絕望、憤怒或以上兼備的人，可能就會情緒失控，進而產生暴力行為。屆時，校園霸凌又會發展成社會問題。

海倫．史密斯（Helen Smith）在她寫的《傷痕累累的心》（*The Scarred Heart*）中，提到華盛頓州里奇蘭市，一位十三歲孩童，愛普．蜜雪兒．海姆斯（April Michelle Himes）自殺的故事：

同學都叫她胖子，朝她扔東西，還把她推來推去，並用她在胸罩裡塞東西的謠言來嘲笑她，最後她受不了企圖自殺，被父母送去醫院接受精神病療程，並且四處尋求諮詢，但都不見成效。根據學校規定，在一百八十天的規定上課日數中，如果學生曠課日數超過五十三天，就必須返回學校，不然就得出席青少年拘留中心的出缺席委員會會議。然而，她認為更好的選擇是進入臥室，拿出皮帶上吊自殺。在過去，她可能只需要休學即可，但現在像她這樣的孩子都被義務教育困住了。

在事件發生後，學校體系才開始正視霸凌的問題，至少會正視一段時間，通常他們會建立某種反霸凌的課程或計畫，要求所有學生出席，並開一堂新的必修課。這是國家對孩子的下意識反應，在過去的二、三十年中，其他國家和美國已經嘗試相當多類似的課程和計畫，也產生許多可知成效的研究成果。然而，由於這些計畫只是治標不治本，這些計畫並沒有改變學校的基本架構，截至目前為止，我們依舊沒有找到任何長期有效的反霸凌計畫。

霸凌行為可能發生在所有剝奪政治權力的機構裡，或者依法律規定必須以自上而下的方式統治，或因經濟需要而將大眾集中的機構裡。例如，霸凌經常發生在囚禁成人或少年的監獄裡，遭受欺負的人不僅無法逃脫，更沒有法律或司法權力保護他們。

在陳桂棣和吳春桃廣受好評的《中國農民調查》一書中，他們描述了霸凌在中國農村的盛行。農民不被允許離開官僚管理的土地，他們沒有政治權力，也不懂法律的正當程序，所以被官方以霸凌的方式脅迫、壓榨工作。

所以，當我們發現學校裡的孩童對於強迫限制和專制管理的反應，竟然和成年囚犯與中國農民相同時，是否該感到驚訝？依照孩童的年齡分層囚禁，使他們無法避開騷擾他們的人；教導他們努力競爭和贏得勝利，只有比別人更好才是最高價值；以及在學校管理階層，拒絕他們發出任何具有意義的聲音……等，這一切的一切都是助長霸凌向外傳播的溫床。

．罪宗六：抑制批判性思考

先假設教育的崇高目標之一是使孩子學會批判性思考，雖然校方和老師口頭上都說會努力做到這點，但大部分學生都知道，要避免在學業上進行所謂的批判性思考。他們知道，在學校的工作就是考試努力得到高分，而批判性思考將會干預這個結果。

為了獲得好成績，學生必須弄清楚老師要他說什麼，然後把它說出來。我聽過很多大學生和高中生在課堂外的討論中高談闊論，我也花了很大工夫，在大學課堂上鼓勵學生批判性思考，但說實話，整個教育制度主要的分級制度，對教室裡的誠實辯論及批判性思考，其實是一股強大的反作用力。

在依靠老師評分的教學系統中，學生很少會去批評或質疑老師的想法，但如果我們試圖以評分來誘導批評，又將會產生錯誤的批評。

為了執行批判性思考，人們會積極、自由地表達自己的想法，或提出自己的問題。但是，學生認為自己的想法和問題並不重要，在學校最重要的是對於自己沒問和沒興趣的問題提供「正確答案」的能力，而「正確」是指老師或出題者要的答案，並不是學生理解、關心、真正認為正確，或在日常生活中發現有用的答案。

我之前在教一名高中生如何解決數學題目時，就是這樣的例子，她假裝禮貌性地聽我解釋為什麼某種方式可以解決某些方程式，而其他不行。但在我解釋完幾分鐘之後，她卻感嘆地說：「我很欣賞你的做法，但我並不需要、也不想知道為什麼這個方法可行！我只需要知道如何遵循老師想要的步驟，並且得到他要的答案。」她是一個公認的「好」學生，而她也代表了絕大多數的學生。

學生逐漸發現即使他們自己願意，卻仍然不可能真正深入學習學校的課程，因為時間並不允許他們這樣做，他們必須遵循學校制定的時間表。此外，很多學生都深信自己必須參與一定程度的課外活動，如此才能證明他們是頂尖大學正在尋找的「全方位」菁英，讓追求真正感興趣科目的學生們，必須承擔在其他科目遭受失敗的風險。為了取得成功，學生只需掌握考取高分所需的有限資訊和粗淺知識。

學校裡另一個抑制批判性思考的就是「焦慮」，學校不斷對學生進行評估，降低他們的批判性思考能力，這樣不僅可讓學生找出老師要的答案，更可能促進焦慮感的產生。

批判性思考來自於創造力，而創造力需要一定程度的玩樂性質（詳見第七章），擁有批判性思考的人會不停嘗試他們的想法，再倒過來探究其後果，而焦慮卻會阻止這類的嘗試，並且強迫思想沿著耳熟能詳、想當然爾的方式進行。焦慮讓人們以死記硬背的記憶來回應問題，卻禁絕了新穎想法或見解的產生。

・罪宗七：降低技能和知識的多樣性

藉由強制孩童學習相同的標準課程，學校減少了他們尋找替代途徑的機會。學校課程僅教導少部分社會上所需的重要技能和知識，而在當代社會中，沒有人能得到超過必須學習的任何知識，那為什麼要迫使每個人學習同樣的知識呢？

在接下來的章節中，我將提出證據，證明當孩童得以自由跟隨自己的興趣時，他們將採取不同且不可預知的方式學習一切。他們對自己有興趣的領域充滿熱情，更加努力想成為那方面的專家，然後尋找適用的技能、知識和熱情來賺錢養活自己。

那些被迫學習標準課程的學生，僅有少數時間去尋找自己的興趣，但許多校方課程不見得是他們的興趣。某些學生克服了校內課業問題，並在校外探索學習途徑，儘管這種例子並不多見。

事實上，校外多樣化的人格典範及知識更具有學習價值，成長的部分任務是找到最適合個人的工作職務。然而，在學校裡卻僅有一個適合的職務，而那些不適合的人會被視為失敗，或被「心理障礙」所困擾，學校並沒有調整課程，以符合人類追求多樣性的內在需求，反而嘗試以藥物控制讓孩童適應學校。最明顯的例子，就是目前在學校裡被診斷出患有注意力不足過動症的兒童。

有些小孩天生就比別人積極和衝動，於是在學校裡常常給別人帶來麻煩。他們很難在教室裡一連坐上好幾個小時，也不參加沒興趣的活動或無法忍受單調。在當今社會的高壓教育之中，這些孩子被認定患有心理障礙，也就是俗稱的「過動症」。

根據最具權威的調查數據顯示，美國大約有十二%的學齡男孩和四%的學齡女孩被診斷出患有此「過動症」，而這種診斷有很大比例來自於老師的投訴。十二%的男孩，也就是每八個男孩，就有一個被貼上精神錯亂的標籤，這僅是因為他們無力，或不願意長時間參與他們覺得不具意義的學校作業……這本身就是一項罪過。

如今，甚至有越來越多三歲和四歲的孩子被診斷出患有過動症，並且需要強制服藥，就只因為他們在幼兒園裡坐不住！

幾十年前，當我還在念國小時，大人似乎認為孩子不該花太多時間讀書，所以我們早上有半小時的休息時間，中午有一小時的戶外玩耍時間，下午還有半小時的休息時間，而且我們幾乎沒有功課，每天只待在學校六小時，包含了兩小時的戶外玩耍和四小時的課程。

我不是說當時的學校比較好，只是沒有現在的糟糕。現在的國小不再給學生這麼長的休息時間，而無法適應學校單調生活的孩子，會被診斷患有過動症，並且被強制規定得服用精神藥物，這對於減少他們的躁動性有立竿見影的效果，使他們能夠專心聽老師上課，並且完成毫無意義的作業。

沒人知道這些藥物是否會對人類腦部造成長遠的影響，但動物研究顯示，其中一個副作用可能會干預大腦連結功能的正常發育，隨著年齡的增長，孩童普遍變得更好操控且不會那麼衝動，也許這種情況，有助於解釋為何有越來越多的過動症患者，年齡向上攀升到成年期，就如同其他精神藥物，用於治療過動症的藥物可能會讓患者產生長期的依賴性。

不久前，我聽到一個家長在孩子被確診為過動症之後，便讓孩子不再去學校上課並開始在家自學。根據報告，絕大多數的兒童停藥後，在家自學期間並沒有發生特別的問題。他們可以追求自己的興趣，而不是讓別人幫他們決定該走的路徑，當他們能夠發揮心中所想時，大多數的學習障礙也會消失，根本不需要精神藥物。

我在這裡陳列的過失清單並非新鮮事，許多跟我談過的老師都知道這些義務教育帶來的有害影響，也有很多人希望能將傷害降至最低，其中一些人盡量嘗試加入更多的自由元素，並讓孩子在體制允許的範圍內玩耍。同時，更多人盡力將失敗的恥辱抹去，以減少焦慮產生，而大多數的人則試圖允許並促進學生之間的合作和同情心。

儘管面臨許多阻礙，許多人仍盡力促進批判性思考，但教育制度的運作原理仍然強硬地站在對立面，特別是當我們讓制度走到今天。甚至可以這樣說，學校體系內的老師正和學生一樣無法學到想要的知識，也無法自由地教導他們希望教給學生的東西。

有個老師表示：「我無法選擇我所要教的，只有國家可以，雖然我知道該讓孩子學習美好事物，但我卻無能為力。如果想要保住這份工作，我就得多讓幾位學生通過國家規定的測驗。」但老師與學生不同的是，老師可以選擇退出教育體系。

同時，我還必須補充一點，尤其是針對年輕人。年輕人都有顯著的適應性和謀略，許多學生會想盡辦法克服義務教育所產生的負面情緒，並且把心思放在正面事物。他們對抗過失，想方設法進行合作、遊戲、幫助彼此克服羞恥感、修正自傲、打擊霸凌、進行批判性思考，並花時間在他們感興趣的地方。

儘管學校不斷扯他們的後腿，想做到這一切、又必須同時滿足義務教育的要求，確實需要付出極大的努力。許多人並未成功，學生必須花費過多力氣在無用的作業及遵守規定上，大大減少他們可以進行自我教育的時間。

我在這裡論述了義務教育的七大罪宗，但我其實不願稱它們為七大罪宗。你可能會想增添其他過失，有讀者建議我補充第八項罪宗：學校干預家庭生活，占據太多學生和家人相處的時間。

此外，它還會影響家庭關係，因為家長不僅需要確保孩子完成功課，更要應付學校教育對孩子造成的負面情緒。另外，在某些情況下，他們得每天與孩子進行心理抗戰，好讓他們乖乖上學。

雖然縮減上課時間、減少功課和增加休息時間，將對孩子的學習有所幫助，但這樣做卻無法有效解決問題。為了擺脫本章所述的罪宗和過失，他們需要改變的是心態，那些認為孩童是天生罪人及教育的首要目標是服從君主及統治者……等等，那些在歷史黑暗時期出現的直線思維和看法。

我們需要拋棄整個教育系統，重新思考如何幫助孩子以自我導向的方式學習，而非強迫學習別人認為他們該學習的東西。這將是一個非常精彩的「大躍退」，但同時也是一個「大躍進」，對目前的孩童來說，狩獵採集者的教育方式是正確的，他們瞭解孩子需要真正的自由進行自我教育，就如同他們以往做的一樣有效。

Chapter 5

瑟谷學校：大自然在現代依然是最棒的教室

最不美國的教育系統

丹尼爾．格林伯格（Daniel Greenberg）是一九六〇年代中期的年輕教授，在哥倫比亞大學和科學史新近發展領域中被視為新星，一開始研讀物理學，後來轉攻歷史。認識他的人都預測他有卓越的學術生涯。格林伯格也是一位受歡迎的教師，也因為教學的關係，讓他去思考比一直埋首研究新翻譯亞里斯多德更重要的事情。大學生都說喜歡他的課程，但他無法不去注意到他們選修課程的被動方式。即使在常春藤盟校，選修物理或歷史的學生似乎比較想得到高分，同時盡可能不去學習跟科目有關的事物。他納悶為什麼學生不想學習科目的知識，還要選修這些課？我們的教育系統是哪裡出錯了？讓學生無法在教育中發展出學習的熱忱和興趣？

在我的經驗中，聰明年輕的教授會經過對教育系統的煩惱階段，然後，不理會並繼續前進，繼續教學，年復一年——假設他們的工作是推動並督促無心向學的學生，經歷學習動機和在考試中取得好成績。但格林伯格不是那種輕易不理會的人，他無法容忍串通一氣的大學教育系統。他意識到，這樣的大學體系是促進K-12（編按：指從幼兒園至高中畢業）教育政策的教育部門造成的。後來格林伯格做出讓每個人都震驚的決定，他辭去教授職務，與他的妻子漢娜移居到麻州東部瑟谷（Sudbury）河區，也就是他們以前所認為的「荒蕪之地」，來思考教育的本質和寫作。

格林伯格那個年代，他的早期著作《新哲學概要》（*Outline of a New Philosophy*）是一種新的論文，挑戰知識由某些固定真理所組成的理論。他表示知識是流動的。今日的真理即為明日的迷思或半真理。兩種在邏輯上相互矛盾的思路，從不同的有利點以及用於不同的目的，兩者都可以是真。所謂的知識（或許稱之為模型或闡述概念會更妥當）幫助人們理解身處的世界，從這個角度來看，與其說知識被評斷為真實或虛假，不如有用性來得重要。知識的好處是幫助一個人理解社會或物質世界概念、主導世界。

這種知識的觀點否定了固定教育課程的價值。最可取的是，人有自由來發展自己的模式，解釋他們所需要或想要的自我概念，使用他們發現有用的一切資源。人的天性就是想要理解他們的世界，這對格林伯格來說，就是人性好奇心的本質。當人努力想回答真正有興趣的問題，會自動地積極使用任何資源來解決這些問題。但不是所有人都對同樣的問題有興趣，同樣地不是所有資源都對每個人有幫助。

格林伯格還深入思考美國民主的原則與教育的相關性。在《美國教育危機》（*The Crisis in American Education*）這本書中，他與其他改革派設立了一所新的學校，主張「當今的國家教育系統是在美國機構中最『不』美國的機構」。

他們指出美國的民主制度建立在三種根基上：

(1)人類有特定基本權利；

(2)受決定影響的人應該要在做決定時發聲；

(3)所有的人都應該有平等的機會在生活中獲得成功。

這些想法在學校中是口惠而不實，自由言論、自由集會、自由地選擇自己的幸福路徑，以及當被指責有不良行為時有公正審判等這些權利，對學生而言都是不存在的。學生對學校規則都沒有發言權，也對如何過每一天沒有什麼決定權。機會平等被學校預先規劃路徑的系統推翻，系統只為某種目標而通過或刷下學生，而且不支持那些傾向不同方向的人。格林伯格認為，在民主社會的主要教育目的，應該是幫助人們準備成為民主公民的機會與責任；在學生發展期卻反其道而行，實際上是剝奪了他們這些機會和責任。

在同本書中，格林伯格等人認為民主的學校應該是「想法的自由市場，人才的自由企業系統」。在可以聽到任何議題，所有論點的環境下，學生應被允許自由地探索任何感興趣的事和得出自己的結論。民主國家的學校應該是被設立來探索和發現，而不是灌輸。

真正的民主學校

一九六八年，格林伯格和他的妻子漢娜，以及與其他學齡兒童的家長成立了一所學校。他們稱之為瑟谷學校（Sudbury Valley School）。學校已運行多年，在寫這篇文章時，格林伯格與妻子仍為在校職員。他們一直被校議會重選為職員。

這四十幾年來，瑟谷也許是在美國教育中最不為人知的祕密。大多數受學校教育的學生從來沒有聽說過它。學校的教授忽視並非出於惡意，而是因為不能將它吸收到自己的教育框架裡。但這個祕密開始傳出去，主要是由在學校就讀的相關人士所散播出去的。現今全世界大約有三十幾所學校以瑟谷學校為明確的範本。我預測最快從現在開始的五十年後，瑟谷的範本將被刊登在每本標準教科書上，並且被許多學校系統彈性地採用，教育學者將視當今教育為舊時代的野蠻遺風。

欲一睹瑟谷學校全貌，你必須放下所有對傳統學校的概念，包括對傳統學校漸進式版本的概念。瑟谷不是蒙特梭利學校（Montessori）、杜威學校（Dewey）或皮亞傑建構式學校（Piagetian）。那些學校可能採用比傳統學校更符合兒童的自然學習方式，但教師仍然進行一成不變的「表演秀」。這些學校的教師們仍然依照預先計畫的時間表，努力讓學生學習預先計畫好的課程，然後他們以此方式評估學生。瑟谷學校則是完全不同的方式。想瞭解此學校，你必須開始這樣的思考：大人不去掌控兒童的教育，兒童會自我教育。

瑟谷是一所私立日間學校，位於麻州一個半田園的弗雷明漢（Framingham）地區。學生從四歲到高中生都有，不以考試成績或其他能力指數來分級。錄取的唯一標準是面試以及為期一周的家庭訪問，以確保學生和家長在註冊之前完全瞭解學校的運行。近年來學校由一百三十至一百八十名學生和九至十一名成年職員所組成。學校收取低廉的學費，經營預算是附近公立學校的一半左右，遠遠低於其他私立學校。這絕非一所菁英學校，如果美國所有公立學校都遵循瑟谷範本，每年可節省納稅人繳的錢多達數千億美元。

這所學校首先要件是一個民主的社會，主要行政主體是學校的會議，其中包括所有學生與職員，建立在一人一票的基礎上，沒有年齡區分。學校會議每周召開一次，立法所有行為的規則，雇用或解雇職員，決定大多數的預算支出，並全權擔起經營學校等一般的重大決策。就像是大多數民主體系，並不是所有治理事務都必須參與。大多數的職員和學生參加大部分或全部的會議，而其他特別是年齡最小的學生，也只參與跟他們直接相關的會議。然而大多數會參與在每年春季舉行的年度職員選舉，為下一年度聘用職員提供依據。

學校的規則由審判委員會執行並定期更改成員，常規是包括一名職員、兩位民選的學生委員，以及其他代表在校所有跨年齡的五位學生來主持會議。當學生或職員被其他學校成員控訴違反規則，原告和被告必須出庭審判委員會，委員會聽證詞，若有需要的話要收集其他證據，確定無罪或有罪，若是有罪，決定一個適當的宣判。案件的範圍從「在安靜的房間裡吵鬧」這樣的小問題（對於此懲罰可能是將此人從房間驅逐出去一段時間）到極少發生的盜竊、破壞或非法使用毒品（對於此懲罰可能是休學，極少數情況下是經過反覆休學仍發生，就會被學校開除）。有爭議以及所有最嚴重的情況下，會訴諸整個學校會議來進行審查。

所有職員都是約聘一年，即使創始職員想留下來，每年都必須被重新雇用。由於學生跟職員的人數比例大約是十五比一，因此在此流程留下來並逐年蟬聯的職員，都是學生所欽佩的人。他們都是友善、有道德並且稱職、積極貢獻於學校環境的人，都是學生的楷模。

簡單來說，職員的角色就是學校社區的成年成員。他們確保學生的安全，安慰有需要的學生；執行許多瑣事來維持學校的運行效率與合法性（這是學校會議的永久校訓）；避免外來的侵犯；以及成為學生得以利用他們技能、知識或想法的資源。例如，一名我認識的職員，主要責任是更新電腦保持平穩地運行，但他也忙於跟學生分享其所喜愛的角色扮演遊戲、政治、神學、文學、現代和古代的歷史，以及心理學。跟其他職員一樣，他負責並執行許多由學校會議所作出的決定。

職員不稱自己為「老師」，因為他們意識到學生們從彼此身上，以及透過自己的遊戲和探索，比在他們身上學習到更多東西。職員必須跟學生一樣遵守校規，當他們被指控違反了校規，亦要用相同的方式進行審判。沒有人可以凌駕於校規之上。

學生可以整天自由地依自我喜好跟同學在校舍（一幢大型維多利亞時代的農舍和翻新的穀倉）和約四千平方公尺的校園走動。他們沒有被區分為「新生」、「中級生」或「高級生」等的小團體或組別。書本沿著校舍牆面而排，電腦大家一起使用，設備和職員的專業知識在各式各樣的科目與技能是用來輔助教育，但學生可以自由地選擇要不要使用這些資源。

八歲以上的學生可以自由地在任何時候出去校園冒險，但未滿十三歲的學生，必須與其他學生同行並登記離開，這樣在校人員才知道他們的目的地以及預計回校時間。他們最常去的地方，就是校園旁邊廣闊的森林國家公園。當學生有要求時，就會產生特定科目的課程，但沒有一位學生需要或特別被鼓勵參加課程，學生也不會只加入其中一個課程。課程沒有正式形式，只要學生有興趣就會一直持續下去。

學校辦學理念的基本前提是：每個人要對自己的教育負責。學校沒有規定課程，沒有考試，不會去分級或以其他方法來評估學生。然而，有兩個例外：

(1)學生想使用昂貴或具有危險的設備，比如電腦、廚房用具，或木工工具，必須先通過設備的「認證」以證明他們可以適當地使用它。

⑵若學生希望從學校得到文憑，必須準備一篇論文來解釋他們準備畢業的原因，以及他們是否已經準備好畢業後成為負責任的成年人。論文是由瞭解學校理念的外界人士做評估。他們刻意不經由學校職員做評估，因為擔心這會影響職員與學生之間的非主觀、非對抗性和支持性的關係。

學校運行的所有一切方式，幾乎跟傳統的學校教育相反。學校的訪客在任何特定時間來訪，一定認為剛好遇到學生休息時間。他們會看到學生在玩耍、聊天、外出，並享受各式各樣的自發性活動。在戶外可能會看到團體在草地上吃午餐、爬樹、在貯水池釣魚、打籃球、用軟劍玩劍擊、騎自行車與單輪車，或穿梭於操場的設備之中。

在室內，會看到學生烹飪、玩牌、玩電視遊戲、設計電腦程式、撥弄吉他並創作歌曲、打鬧（在規範內）、討論電影或青少年喜愛的最新吸血鬼小說、閒話家常、政治爭論、觀賞音樂錄影帶、玩樂高、自己安靜地看著書或朗讀給年幼的孩子聽、在美術室作畫，或者賣餅乾來籌集舉辦學校活動的資金。

訪客會發現少數比較像學校從事的課業活動，像是學生和職員進行歷史研討會、一些青少年在解決數學問題、一位年幼的孩子專注地在黑板上寫出字母等，這些都是學生自己的興趣，在有疑問時詢求身旁年長的學生幫助。

現實中，學校滿足了丹尼爾．格林伯格早期寫作，和其他學校創始人各方面的願景。這是一個完全民主的社會，讓學生持續享受自由並實踐伴隨著民主公民權的責任。這是一個讓學生全面負責教育自我的地方，讓每個人感興趣的所有想法都可以自由發展，所有的努力都同樣寶貴，只要不傷害他人或破壞學校。但它可行嗎？學生有學習到在現今文化中成功的知識嗎？

作為教育機構的學校

正如我在書序中解釋，我對瑟谷的興趣，始於多年前我兒子在十歲時成為那裡的學生。我立即見證到這個學校如何讓他感到快樂，同樣也讓我高興。在他眼中，學校就是要像瑟谷這樣。但我有點擔心，這學校完全與常規不同，任何事情都不一樣；任何不一樣的事，都讓我們感到害怕。加入這樣的學校，會不會限制了他未來的選擇？他能上大學嗎？會不會中斷了潛在職業的路徑？

我從職員和以前的學生家長那邊獲得保證，以閒聊的方式談到畢業生在各行各業都表現得很稱職，但身為一位科學家以及煞費苦心的父母，我並不完全滿意此答案。當時我正好也開始在學校發展學術，很好奇地想瞭解它如何運作。在此之前，我所有的研究都在大學實驗室裡，研究老鼠的賀爾蒙和腦部機制，但現在，我開始對人類兒童的玩耍、探索和自然學習方式感興趣。

為了滿足我身為家長對學校的關心及出於學術的好奇心，我決定對該校的畢業生進行系統式調查，我發現一位傳記作者大衛．查洛夫（David Chanoff），當時也是瑟谷學校的兼職職員，同樣對這樣的調查感興趣，所以我們決定合作。

我們的目標是調查所有從學校畢業至少一年以上的學生。這裡的「畢業生」是指有拿到高中畢業文憑，和十六歲以上沒拿文憑，但沒計畫要接受更進階教育而離開學校的畢業生。在我們做研究的時候，學校規模比現在要小很多，校史也只有十五年。學校檔案顯示有八十二位畢業生符合我們的標準（其中四人沒有拿到文憑而畢業）。我們能夠鎖定八十二位之中的七十六位畢業生，其中六十九位同意也參與研究，在鎖定的畢業生中回應率為九一%，在總畢業生中回應率為八四%。大多數的畢業生都有填寫並回覆我們郵寄給他們的大量問卷調查，有些人則以電話回覆，而我們也面訪了幾位畢業生。

我們請畢業生回顧和描述在學校的活動，詳細詢問他們離開瑟谷後的進階教育和職業，在這樣不尋常的學校教育下，對離開瑟谷後的生活，是否有不利或受益之處，另外還詢問了他們家庭背景，以及當時接受瑟谷學校教育的原因。

這項研究的結果刊登於《美國教育雜誌》（*American Journal of Education*），使我確信作為教育機構，這所學校的功能是很齊全的。那些接受更進階教育的畢業生（約佔總數的七五％）報告顯示，他們在進入所選學校時並沒遇到特別的難處，甚至申請入學後表現得很好。包括以前從未選修正式課程的人，在就讀世界知名的大學學院也都表現良好。

不管畢業生是否曾接受更進階的教育，他們都非常成功地找到感興趣的職業維生。他們在各行各業都很有成就，包括商業、藝術、科學、醫學、其他服務性行業，以及專業技職的行業。

接受這樣不尋常的學校教育是否會有不利之處，大部分（七一％）的畢業生都說一點也不會。有的人說他們很容易就克服此不利之處，例如，一些上大學的人表示，起初他們覺得自己對別人已經學習過的標準學校科目很生疏，但實際上在追趕差距時一點困難都沒有。

當時我很驚訝地發現，沒有一位畢業生抱怨很難適應大學或職場這種正式組織系統。當我們對此持續追蹤，他們通常會告訴我們，繼續學業或在特定行業工作是自己的選擇，他們充分享受，也瞭解並接受這樣的選擇，勢必要遵守特定體系的事實。在接受瑟谷學校教育前，對於必修課程，他們別無選擇只能反抗，但他們並不會反抗大學或職場上的要求，因為這都是他們自己的選擇。他們還指出，在大學與職場上的自由度，還比念一般學校多得多。

大多數（八二％）的受訪者表示，接受瑟谷學校教育有益於進階教育和職業生涯。他們所描述的益處可精化為四類。

第一類為責任心與自動自發。在瑟谷學校，他們決定如何支配自己時間，做出錯誤的決定也要自己承擔，想在學校做出任何改變，一定要透過學校的民主程序，因為一直持續意識到個人的責任，這在進階教育和就業時很有用處。

第二類益處跟第一類密切相關，在進階教育與職業生涯也很常用到，就是他們的高度積極性。他們處於學習是樂趣的環境中，好奇心使他們對於有興趣的特定活動或想法，會有強烈的學習欲望。

大部分的畢業生指出，他們對喜愛與所選的事物很努力，他們的動機很強。有一位從九歲開始就在瑟谷學校接受教育的畢業生，目前是大學的榮譽學生說：「一般大學裡的人有較多的實質經驗，但態度的差異，讓我能迅速追趕上他們。實質性的東西能輕而易舉地獲得……我的態度是，上大學是我的樂趣，藉由大學的資源，讓我能完全享受自我。很多人上大學的心態只是隨波逐流，在他們身上永遠沒有自己想做的事。」

第三類的益處是他們學到的特定技能和知識。透過瑟谷學校的玩耍與自發性探索，許多畢業生在他們感興趣的領域裡，習得特有的技能和深刻的理解力，並繼續在職業生涯或進階教育往這些領域發展。

第四類益處則是無懼於權威人物。畢業生歸因於在瑟谷學校與成年人的相互尊重關係，以及在學校會議與審判委員會議中，善於表達自我意見的經驗。畢業生說，他們與教授和雇主有良好的關係，容易溝通，需要請求教授和雇主幫助或建議時並沒有什麼困難。

一位獲得著名私立大學經濟學士學位的畢業生告訴我們：「我能隨意進出經濟系辦公室，正如我進出瑟谷學校的辦公室一般，進出自如地與教授交談。我總覺得我跟其他人一樣有相同的權利。大部分學生會覺得跟教授有巨大的鴻溝，他們不習慣這樣的互動方式，我沒有那種感覺。」之後，他分享如何組織一個讓學生和教師聚在一起的俱樂部。

調查中的最後一項問題，沒有任何一位畢業生回答，接受傳統學校教育會比瑟谷學校教育使他們的生活更好。除了兩位受訪者沒填寫，所有的畢業生都表示他們「高興」（十一位選擇此項）或「非常高興」（五十六位選擇此項）接受瑟谷學校教育，而非更傳統的學校教育。至於原因，之前已提到許多益處，為他們畢業後的生活做準備。

許多人表示他們很高興接受瑟谷學校的教育，因為他們能夠享受童年，自由自在，感覺到被視為獨立個體的尊重與重視。有些人特別提到學校民主氣氛與程序對他們的重要性。例如，一位畢業生寫道：「民主理念的闡述，特別是個人的責任辯論，令我印象深刻。我繼續嘗試努力瞭解我的責任為何並去實踐。當然，這在我生命中的每塊領域都很有幫助。」

在我們的研究開始後，學校也對畢業生進行另外兩項系統式調查，並且出版書籍。在後來的研究，學校的畢業生比我與查洛夫進行調查的時候更多，畢業生在離開瑟谷學校後擁有更多年的人生經歷，但結論與我們研究結果相似。畢業生繼續在進階教育和自己的職業生涯表現良好，絕大多數的人將其成功大致歸因於在校期間所學得的技能、態度與價值觀。

畢業生的成功解釋了什麼？

瑟谷學校強烈反對教育中文化思維的本質，大多數人認為孩子需要安靜地坐著聽課，用功做學校作業，才能在生活中取得成功，若不這麼做會跟大家格格不入。即使有些孩子抱怨或反抗、有些孩子必須依賴超強藥物才能專心做作業，一般人還是相信這樣的努力是必要的。

多數人聽到瑟谷學校畢業生的成功，會很自然地以不顛覆自己既有觀念來解釋。其中一個解釋就是在沒人看到的檯面下，大人會授予正式課程，想像這些孩子在家接受父母教育，或者是學校的職員是非常聰明的教育者，會操縱孩子去從事他們必須學習的事情。

我可以保證這些情況都沒發生。有些家長在幫孩子註冊瑟谷學校時，會有讓孩子在家自學的念頭，但他們很快就放棄了。他們嘗試在家裡執行跟學校理念衝突的課程，結果不是停止孩子在家自學，就是退出瑟谷學校教育。在校職員是非常能幹的人，他們毫無疑問會透過設定的案例，或與學生交談來引導學生的學習，但他們並未操縱學生學習特定課程。

他們堅信孩子透過自我選擇和自發方式可以達到最好的自學效果，而幫助孩子學習是最好的方式，就是不要去干涉他們，除非孩子請求幫助或建議。即使如此，他們認為幫助或建議，應只限於孩子所需要的請求範圍，不會有更進一步的建言。

另一種對學校成功的合理化解釋，就是參與的學生是特殊團體，不管他們接受什麼樣的教育都注定會成功。雖然學校沒有入學門檻，只有少數需要自我選擇入學（或請求父母允許他們入學）。

但想一下，登記入學的學生是誰？他們的「特殊」專長是什麼？他們不是那種老學究所預測注定會成功的團體，雖然有些人是屬於這種類型。在我們調查的畢業生中，超過一半的受訪者表示，在註冊瑟谷學校以前，他們在公立學校都曾經歷過嚴重的問題。這些問題包括持續的反叛、多次蹺課，有些人還被診斷出有學習障礙。其他會接受瑟谷學校的人，有些是因為他們的父母相信這樣的教育，有些是覺得這樣的教育很吸引人，儘管他們在公立學校表現算是很好了。

透過我自己的觀察，發現瑟谷沒有會把事情做不好的特定人格。

有些學生富有冒險精神、有些人很謹慎、有些非常獨立、有些是群體導向、有些很乖巧、有些則因為惹麻煩而成為學校審判系統常客；有些偏好學術、有些則不愛、有些人喜歡為自己在學校建立高度有組織的環境、有些人則相對喜歡亂無章法。在學生可以做出自己選擇的環境中，學生能分配自己的時間，滿足他們獨特的需求和願望，沒有人會被強制塑造成同個模子。學生塑造適合自己的環境，隨著成長，他們也會去改變這模式。

對我來說，瑟谷學校僅適用於某些特殊學生的想法根本沒道理。根據我的觀察以及職員的報告，只有部分學生無法適應，那些是極少數行為持續且破壞性超強的學生，透過審判委員會與學校會議的適當程序，他們會被開除；或是有嚴重心理障礙、無法經由社會互動和遊戲中學習的學生。被診斷出注意力不足過動症的孩子在學校適應良好，但有嚴重自閉症，包括缺乏或沒有正常的動力，與其他人進行社交互動遊戲的人，一般會適應不良。

顯而易見，瑟谷學校對一般兒童是可行的，因為它提供了一個可以強化孩子掌管自己生活的自然本能環境，進而發展與周遭社會的連結，並去學習文化中他們需要的良好知識，因為它的功能相當於狩獵採集部落，即使是在目前的時空背景。

瑟谷學校與狩獵採集部落的相似處

瑟谷學校的創始人並未以狩獵採集部落為範本。他們的目標是創立一所與美國民主原則一致的學校。然而在我眼中，學校正巧包含了狩獵採集部落最必要的元素，也就是兒童的自我教育本能，而且運作良好。

或許不是巧合，正如許多人類學家指出的，狩獵採集社會是民主制度的原型。我在此列表說明，哪些是強化兒童有效地自我教育能力的可能環境，這樣的環境存在於狩獵採集部落與瑟谷學校。

．可供遊戲和探索的時間與空間

透過遊戲和探索的自我教育，需要沒有權威人物的壓力、判斷或干涉之下，個人自由支配的時間。

這些時間是用來交朋友，根據想法和工具遊戲，經歷並克服厭倦，從他人錯誤中學到教訓，並發展熱忱的心。在狩獵採集部落的大人，很少或根本不會去要求兒童和青少年，部分原因是他們知道年輕人必須自己去探索和遊戲，才能成為能幹的成年人，在瑟谷學校亦然。

自我教育也需要足夠的空間遊蕩、逃脫、探索。理想的情況下，這樣的空間應包含在發展文化中的地域範圍內。狩獵採集的大人信任自己的孩子會運用良好的判斷力，決定自己遠離熟悉環境，到可能有危險區域探險的距離，瑟谷的孩子同樣被信任。在現代社會審慎設定的範圍內，他們可以探索周圍的森林、田野和附近的溪流，到當地的商店和博物館，或是到任何他們想去的地方，只要告知一聲，並採取適當的安全措施即可。

・兒童與青少年任意年齡混合

正如我在第二章所提及，狩獵採集的孩子一定要在年齡混合的團體中遊戲，因為他們沒有這麼多同齡兒童來玩分齡遊戲。瑟谷的學生人數比較多，他們可以跟年齡接近的同學玩在一起，但他們沒有。調查研究顯示，在校學生出於自己的意願，習慣性地跟自己年齡差很多的同學玩在一起。

第九章我會解釋，年齡混合的遊戲讓年幼的孩子可以從年長的孩子身上學習到技，能以及複雜的思維方式，也讓年長的孩子學習如何教導、指引，在一般情況下，成為人際關係中穩重的人。

・親近見識豐富又有愛心的大人

在狩獵採集部落中，大人世界並未跟兒童世界有區隔。孩子會觀察大人行為並且融入他們的遊戲中。他們聽取大人的故事、討論與爭論，並且從中學習。當他們需要大人幫助或是有其他孩子無法回答的問題，會去詢問部落中任何一位大人。所有的大人都會照顧他們，事實上，很多大人都是他們的叔叔阿姨。

在瑟谷學校也是如此，大人和孩子打成一片，即使大人與孩子的比例跟狩獵採集部落比起來少很多。學校裡沒有地方是職員專屬，但禁止學生去的。學生可以聽取任何大人們的討論，並觀察大人的行為，如果他們願意還可以加入討論。需要幫助的學生都可以去找任何一位職員。

不論是想坐在大人膝上、想要在哭泣時有依靠、尋求個人的意見、回答一些他們沒辦法自己找到答案的技術問題，或以教學形式進行的長時間協助，孩子知道哪位大人可以滿足他們這些需求。

這些大人很像叔叔阿姨，他們瞭解所有學生並引以自豪的看著他們成長。由於職員每年必須經由在校所有學生表決通過來重選，他們一定是喜愛孩子、也讓孩子喜愛，並且能有效滿足孩子需求的人。

・使用工具的機會與自由

想要學會使用文化中的工具，必須有使用這些工具的機會。狩獵採集的孩子玩刀、鋤頭、弓箭、圈套、樂器、獨木舟等等。在瑟谷學校，孩子可以使用在現今文化中最普遍使用的工具，包括電腦、烹飪設備、木材加工設備、藝術材料、樂器、各種運動器材，以及擺滿書籍的牆壁；透過學校開放式校園政策，他們有使用各種其他設備的機會。

・交換想法的自由

智力發展最好的環境，就是在沒有審查或害怕被排斥的情況下，人們可以自由地交流想法。根據人類學家指出，狩獵採集的信念中是沒有教條的，即使有宗教信仰，人們還是自由談論想法，任何跟團體有關的意見會持續進行辯論。

在瑟谷學校也是如此，除了刻意避開與特定政治或宗教意識型態的牽連，所有的想法都開誠布公。在此環境中，想法是用來思考與辯論的，而非用來記憶與考試的。孩子在校不只會聽到在家裡不常聽到的政治、宗教，或哲學想法的討論，還會聽到每種議題的不同論點。

・無霸凌環境

一個人必須感到安全並免於騷擾和霸凌，才能自由探索和遊戲。這樣的環境在狩獵採集部落明顯盛行，根據人類學家指出，在狩獵採集文化中，緊密個人關係、年齡混合、不喜競爭、平等精神可有效地避免霸凌。

如果一個孩子出現找他人麻煩的情形，年長的孩子會介入並很快制止。這種情形在瑟谷學校也會發生，而且在學校研究中發現，年幼孩子的存在，具有安撫年長孩子的作用（在第八章會討論到）。

此外，民主設置規則和審判系統的瑟谷學校可避免嚴重的霸凌。若有學生覺得身受任何方式的騷擾，可「提調」罪犯出庭審判委員會，這包括學校所有年齡的成員。由於是學生訂下規則並有責任執行，他們比在一般學校的學生更遵守規則。

・沉浸在民主社會中

狩獵採集部落和瑟谷學校實際上就是民主社會。正如我之前提到的，狩獵採集部落沒有替團體下決定的酋長。相反地，團體的決策是經過長時間的討論，直到所有人達成協議。瑟谷學校是透過正式的民主管理程序，像是學校會議的討論和投票。沉浸在民主程序中賦予每個人責任感，有助於激勵教育。若我的發言很重要，若我對團體的作法以及運作有真正的發言權，那麼我會好好地仔細思考事情並謹慎發言，不只是為了自己，也為了團體。

瑟谷學生畢業後的職業生涯

接下來的四個章節將討論孩子如何在瑟谷學校教育自我，以及自由遊戲和探索環境。首先我想闡明跟學校畢業生訪談後浮現的主題：即學生在校活動與畢業後就業的關聯。透過遊戲和探索，學生們找到自己喜歡的活動，在活動中出類拔萃，並且持續以此為生。以下有幾個最有直接關聯的畢業生例子。除另有註明外，這裡所有的例子都直接引用《童年的王國》（*Kingdom of Childhood*），這本書是由三十一位瑟谷畢業生以自己的方式描述他們在校的經歷。

・卡爾在二十二歲時參與了查洛夫和我的畢業生初步研究，當時他已經是一位電腦軟體開發公司的創始人和總裁，一年營業額超過一百萬美元。在公立學校有不良記錄的他，七年級才到瑟谷學校，在那他發展出對電腦與程式設計的喜好，當時家用電腦領域才剛萌芽。他將對電腦的興趣帶入學校，促使他成為學校供應商的總裁，並且學會很多商業知識。他畢業時，不僅是專業軟體開發人員，同時也熟知企業運作，以及與商務人士互動的方式。在採訪中他揶揄地說，有位客戶是幾年前在同一所公立學校否定過他的人。在強求下痛苦的（或忍耐的）年輕人與追求自己真正興趣的年輕人之間有著天壤之別。

・卡羅是郵輪的船長，在瑟谷學校發展出對船隻的喜愛。她在校園的貯水池邊玩著船隻。青少年時期的她善用開放式校園政策，花了許多時間在附近的海岸地區學習航海技術和帆船運動。

・弗雷德在瑟谷學校接受小學和中學教育，目前在一所一流大學擔任數學教授。從學校畢業不久後接受了採訪，小時候他迷上了科幻小說，這使他對物理與數學有著同樣強烈的熱忱，這些科目也是他在校最後幾年最主要的自我研究。在談到科幻小說與數學之間的關聯，他說：「科幻小說往往游移在真實可能性的曖昧邊界。一本好的科幻小說會嘗試以下兩件事：它要不是嘗試跟未知事實相悖，不然就是改變一個假設並且進行下去，這些跟許多數學概念滿類似的。」

・弗蘭是大師級的打樣師，在高級時尚服飾業擔任公司總裁。小時候的她迷上布料和縫紉，起初，她幫洋娃娃做衣服，青少年時期開始為自己以及她的朋友做衣服。在採訪時，她說：「我發現女性袖子跟男性袖子有很大的差異時，我才真正開始學習如何打樣……我為其他人縫紉、為男朋友做襯衫、為人們做皮背心、用刺繡來賺錢。雖然只穿牛仔褲，但我把它們繡得漂漂亮亮。後來找到一份工作時，我準備一整櫃的衣服去上班。」學校幫她在波士頓安排了服裝設計師的見習生機會，她的職業生涯就此起飛。

・誰想過一位孩子會以殯儀業者為發展目標呢？亨利就是一例，因為曾有位殯儀業者在家人過世時扮演了安撫的角色。在瑟谷學校，他開始以解剖動物屍體來探索此興趣。

在採訪時，他談到關於青少年時期在瑟谷學校的經歷：「當我一發現其他人有相同的興趣時，像是科學和生物學，我們會做解剖並去尋找動物屍體。有一段美好的回憶是與梅蘭一起開著車，並在路上發現動物屍體。我們會用垃圾袋將它們裝起來，看到的人都覺得我們是變態……我們把肉拿掉，並保存頭骨來觀察與進行比較……我想沒有其他學校會讓我這樣處理骨骼……『真正』的學校不讓你在廚房的桌子上解剖浣熊。」亨利現在是一位成功的殯儀業者與房地產規畫師。

・海倫是一名醫生。青少年時期的她，在父母的阻止下來到了學校，並利用清晨在餐廳打工來支付自己的學費。

採訪時她說：「我猜想學校、我與就讀醫學院這三件事是在理想情況下交會在一起的。我總是追尋事情背後的問題，思考如何解決這些問題，以及如何導正方向。我十三歲的時候讀過悉達多（Siddharta，佛陀），對於東方宗教很感興趣，我也會做瑜伽並且冥想。當我知道哪邊出了錯，我會想要解決它，我所做過的一切都像是冥冥之中指引了我走上這條路……我閱讀很多書籍。我還記得當我去學校時，卡拉給了我一本書《心靈助產術》（*Spiritual Midwifery*）……幾乎每個人給我的書都跟健康有關。這是一開始的興趣……瞭解如何養育孩子對我也是很重要。學習跟我以前的思維完全不同的事情，人們會長時間哺乳自己的嬰孩，或是跟孩子睡在自己的床上直到他們年紀大一點……諸如此類。這些事情從未發生在我身上，但是當我親眼見到或聽說，都令我很興奮。因此，在世界觀形成或看見比我所知的世界更大格局上，職員對我很重要。我要修正一下：是職員和學生。」

・湯姆是大師級的機械師以及高科技產業機器的發明家。他的故事概括了許多學校方面的訊息。

「當我在公立學校惹麻煩時，我的父母總是站在我這邊。當時我已六年級，極盡一切去做任何可以反抗體系的事情。這可不是個很好的學習方式……一到瑟谷學校我馬上發現，沒有任何事情要反抗，因此，也沒有理由去做我想要做的事情，比如開始吸菸。若沒有人告訴要做你想反抗的事情，反抗也沒什麼意思。因此，我們就是不停地玩耍……

橡皮泥（一種不會變硬的塑形泥土）可能是我做過的最投入的事情。那時候我和朋友會去美術室，不斷地做模型直到午餐時間，在桌上吃午餐，並繼續做模型直到晚上才離開；事實上我們從來都沒離開過房間……有時候我們會建立一個金礦社區。有時候是許多酒店和酒館組成的一群城鎮。它通常會有很多的建築物、車輛以及人物，我們會做出所有的模型，然後制定不同的場景……但大部分我們會接二連三地做坦克和飛機模型。目前現實生活中的我也是做一模一樣的事情。非常投入，日復一日。只有一件事不同：大人會遇到比孩童時期更複雜的事。

透過橡皮泥，我開始學會做生意，我做了很多工廠模型。我曾經有個罐頭工廠，還能描繪出那畫面。透過曾看過的電影和有裝瓶工廠之類的圖片的書籍。我希望讓它很逼真……我們有的是很多黏土以及創作的樂趣。到後來唯一能做的就是粉碎它並重新開始。這是一個不斷建立和粉碎的過程……

後來我們有些計畫。我們會想辦法用舊輪胎與零件做成小型賽車，去地下室修復人們捐贈的舊玩意、自行車之類的東西……還會請職員或其他學生接送我們去瑟谷鎮上的廢棄場。我們總是在尋找跟自行車與三輪車有關的零件，我們帶回這些零件，改造出全新的車，這就像一門小生意，我們會修好它們，有時還會上漆，然後標價賣出去——五十分美元或七十五分美元不等。

我想知道的事，在學校或許沒有人能知道更多，但他們都能教我如何找尋資料。所以，若我需要尋找一些東西，他們會告訴我如何使用圖書館目錄，或與知道相關資訊的校外人士說話。我認為跟在家比起來，學校教會我更多事情。

我曾經在校持有酒精飲料，因為我想要自己釀酒，在餐盒裡偷藏十五年威士忌，跟花了三或四個月來自己磨麥釀造威士忌的意義是大不同的。事實上我從未喝過自己釀造的威士忌，我只是對如何釀酒有興趣。因此在學校，我釀造了威士忌並且擁有它，也由於我經歷了所有釀酒步驟，所以我被允許釀造它。若我只說想要在學校有威士忌，大家會說：「算了吧，這是違法的。孩子在學校不可以有威士忌……」

還有一個噴水器的趣事。那天是愚人節。學校的廚房有個舊的警鈴控板，一些電線還在，有些延伸到地下室。我將擋風玻璃清洗泵與樓下的電池連接在一起，並在兩個爐子中間掛上小型噴水噴嘴，瞄準一個特定點。我等到有人坐在特定點的位置上，就按下已經在那邊的其中一個小按鈕，他們就會被噴濕……我現在跟當時還是同一人，是學校讓我成為這樣的人嗎？我也常常這麼懷疑。我不知道是否如此，就算是我也不驚訝。它確實有推波助瀾的效果，它帶走了我在公立學校經歷過的煩惱，也使我沒有浪費時間做些無聊的抗議。

Chapter 6

人類學習的本能

Q: (+ − × ÷)

10 + 3 = ? A: 13

一九九九年一月二十九日，一位來自印度教育科技公司的科學研究員蘇伽特・麥特拉（Sugata Mitra）針對兒童自我教育能力，展開一項相當有趣的實驗。他在新德里公司的外牆上架設電腦，那裡大部分的孩童都未受過教育也不識字，並且從來沒看過電腦。他跟圍繞在電腦周圍的孩子說這個電腦可以任由他們玩，然後在附近架設一台攝影機觀察他們的行為。

這群介於七到十三歲的兒童，立即開始摸索這台像是電視機的新奇物品。他們碰觸電腦的各個部分，突然發現電腦裡的游標，會隨著手指頭的移動而移動。更吃驚地發現，當游標移動到電腦某些地方時會變成一隻手，在這個時候點擊觸控面板可以讓畫面改變。

每當此時，孩子們會想要趕快告訴其他人這個驚奇的機器，每當一個小孩或一個群組有新的發現就會跟旁人分享。不用幾天，兒童無需大人的指導，就會用電腦聽音樂、玩遊戲和用微軟畫畫，就像其他擁有電腦的小孩會做的事。

麥特拉和他的同事不論在印度其他鄉村和都市地區進行實驗，都獲得相同的結果。當電腦被公開使用時，當地的兒童會快速聚集，並且開始探索這個機器，然後玩。在沒有他人的幫助下，發現出使用這個機器的方法。兒童針對螢幕上不同的符號取不同的名字，例如：其中一個族群用他們當地的印度語，將游標取名為針，並將資料夾取名為櫥櫃。

當電腦連接到網路時，孩子學會如何用網路搜尋。電腦給他們機會接觸全世界的知識。

那些原本不識字的孩子，藉由與電腦互動開始學習；而那些識字的孩子，會下載他們有興趣的文章；剛開始學習英文的孩子，可以透過電腦和別人談論英文，而學到更多的詞彙。在偏遠的印度村落，那裡的兒童對於微生物完全沒概念，但藉由電腦，他們可以認識細菌與病毒，並在日常生活中運用這些字彙。

麥特拉估計每設立一台電腦，就有三百個兒童會在三個月內認識電腦。因此如果架設一百台電腦，在三個月內就可以造就三萬個認識電腦的孩童。麥特拉對認識電腦的定義就是，可以使用windows的各項操作功能（例如：點擊、拖曳、開啟、關閉、改變電腦物件的大小、最小化、項目單、導航……等等功能）。用電腦畫畫、開啟和儲存檔案、玩遊戲、操作教育軟體和其他程式。在網路有連結的情況下，可以上網搜尋資料、建立電子郵件信箱、收發信件、線上聊天、做簡單的故障排除（例如：排除喇叭沒辦法講話的問題）、播放媒體、下載遊戲。

麥特拉和他的同事稱呼這項實驗為「微創教育」，起源於微創實驗，教育在平凡的情形下闖入孩童的生活。

麥特拉的實驗說明了人類本性的三大核心：好奇心、玩樂力和社交力，及它們如何完美結合達到教育目的。

好奇心驅使兒童接觸及探索電腦，玩樂力驅動他們練習技巧，社交力讓兒童們所學的知識像野火一般傳遞給其他兒童。在先前的章節，我所提及到人類受教的本能為人類本性，並證明這像狩獵採集文化時一樣，可作為現代教育的基礎。在這裡我們將深入探究強大的人性對自我教育的影響。

可被教育的動物

從進化的角度來看，人類是最可以被教育的動物。

教育是人類從前代獲得及養成技能、知識、宗教信仰和價值的過程，因此教育被定義為一種特別的學習。所有動物都會學習，但只有人類會一代一代創造、傳承與建設文化，所以我們說人類能被教育的程度遠高於其他種族。

兩百萬年前，人類基因的演進使我們更依賴文化的傳承。隨著時間演進，我們發展出狩獵、採集、食品加工、自我保護免於掠食者攻擊、生養小孩和對抗疾病，這些行為需要詳細的知識和成熟的技術，但這些技術和知識遠遠超越一個個體或一群個體生活在一起所能發現的程度。

我們能生存下去，源自於祖先的成功經驗，這些都來自於更早的祖先。此外，我們也藉由部落內部和部落之間的合作和分享，取得社會習俗、規範、故事和共同的文化信仰及價值，簡言之，我們開始依賴教育。

今日當人們想到教育，直接會想到學校，他們覺得教育就是大人教導兒童，但是「教育」其實比學校早出現。事實上，大多數的教育發生在學校外，之所以說人類是可以被教育的動物，是因為人類的本能會想取得及建構生存環境的文化。

現今大部分的人都覺得教育是大人的責任，不管兒童想不想學，大人都必須將文化教導給兒童。但從古自今，教育的責任一直都在兒童身上，他們的本能告訴他們，在社會中需要學習什麼以利於生存，就如同本能告訴他們如何吃喝。人類的直覺本能就是好奇心、玩樂力和社交力。所有動物都有直覺本能，但是人類將這些特質發展到剛好符合我們特殊的教育需求。

好奇心：探索和瞭解的驅動力

每當麥特拉和他的同事架設戶外電腦，沒看過電腦的兒童就會因為好奇開始聚集。他們會想瞭解這個奇怪的東西如何運作，最重要的是，他們會想知道這可以來做什麼。

亞里斯多德在公元前四世紀開始撰寫論文，專門研究「人類天生就對事物感到好奇」這件事。以剛出生的嬰兒來說，他們會對從未見過的事物比較好奇。在人們臨終之前，他們就算承受再大的痛楚，也會為了做一些從未做過的英勇事情而多活久一點，只因為好奇接下來會有什麼事情發生。

從出生到死亡，我們的感官一直被外在世界的改變刺激。如果把一個人限制在完全沒有新事物可以探索和學習的狀況下，就算滿足所有其他條件，也是一個很大的折磨，人類學習新事物的渴望是永遠無法被滿足的。

當然人類不是唯一有動力探索的種族，所有有機生物都會探索他們的環境，以找尋生存所需的能力。對有些動物來說，探索只涉及隨機或準隨機的動作。變形蟲平常都是隨機的移動，直到偵測到附近有食物，然後牠們會直直地往食物移動直到取得食物。搜尋食物的螞蟻會以隨機的方式離開巢穴，留下微弱的化學蹤跡，但一發現食物時，牠們在回到巢穴時會留下較為強烈的蹤跡，以方便其他在聚居處的螞蟻追蹤。

在探索環境上，哺乳類比其他原生動物和昆蟲類更加成熟，因為牠們可以從環境中獲得更多的資訊。藉由探索環境獲得的資訊，包含食物來源、掠食者、逃生路線，可以安全睡覺和養育小孩的地方，除了這些之外，還有其他敵對、同盟和可能的生產合作夥伴種族的出現和消失。

在探索研究方面，最有系統的研究是針對白老鼠所做的實驗。當我們將老鼠放在一個新環境，這個新環境通常是沒有蓋子的大盒，或一個有很多物品、道路或障礙的迷宮。一開始，老鼠會很畏縮地躲在盒子的角落。慢慢地，當恐懼感下降時，牠會開始四處遊覽。每次遊覽都會用牠的後腳站起來聞一聞，然後匆忙跑回角落。

經過幾次之後，老鼠越來越大膽，開始探索較大區塊的環境，並且到處聞，用前腳和鬍鬚碰觸四周的物品。當老鼠徹底熟悉這個環境之後，會不斷地巡邏是否有東西發生改變。如果有新的東西出現在這個環境裡，牠會接近並且探索，直到完全瞭解這個物品。很多實驗顯示老鼠可以藉由探索環境來獲得有用的資訊。在一個實驗中，將老鼠放置在一個有很多地方可以躲的環境，如果老鼠有機會事先熟悉這個環境，當牠受到驚嚇時，熟悉環境的，會比不熟悉環境的更快找到躲藏的地方。

大部分人類的好奇心和探索力的研究都是針對嬰兒、蹣跚學步的小孩和未入學的孩童做實驗[3]。在上百個實驗中，小寶寶會盯著沒看過的東西比較久。寶寶對新東西的偏好，用來研

3 雷納（Renner, 1988）在一場實驗中對於僅出生一天的新生兒，第一次出示一張或兩張類似的棋盤圖案的一張，然後測試這兩種圖案在嬰兒的面前哪一種最吸引他們的注意力。嬰兒之前從未看過，所以看了很久，為展現這種偏好，新生兒需知道兩者的差異，並記得與第二項的差異是分辨不同試驗的方式。

究小孩的記憶力和理解力非常有效。盯著新物品比較久的小寶寶，必須以能力分辨兩個物品的差異，同時也必須記得看過的舊東西。寶寶會盯著違反物理原理的東西比較久，假如一個東西離開桌子的尾端時，是往上飛而非往下掉，三個月大的小孩會盯著往上飛的東西比較久。為了更瞭解世界，他們會被違反預期的東西所吸引。

六個月大時，寶寶開始用手眼探索。他們會抓住任何在他們面前新奇的東西，然後放在眼前仔細觀察，為了測驗這個物品的特性，他們會將物品轉來轉去、在手中傳來傳去，揉它、擠它、拉它、丟它，然後再撿起來。

這種行為會隨著嬰兒對物品的瞭解增加而減少，但當他們看到新物品時，又會開始一樣的行為。他們藉由這樣的行為瞭解物品的特性，知道如何讓物品發出聲音、分解、扭轉、彈跳和毀壞。在這個過程中，小孩的表情非常專注且認真，就像學者認真鑽研一本書，或者科學家狂熱的用試管進行實驗。當有所發現時，都會露出那種「我發現了！」的驚奇表情。

隨著兒童年紀增長，好奇心不僅不會消失，反而會使他們對於探索更富有經驗。學者蘿拉・舒茲（Laura Schulz）和她的同事，進行許多關於兒童如何解決世界上新奇事物的實驗。

在一個實驗中，研究員拿一個有兩個按鈕的盒子在四歲小孩子面前。按其中一個按鈕玩具鴨子會從縫隙中跳出來，按另一個會有吸管做的布偶跳出來。第一種情況，實驗者分別按兩個按鈕，讓他們看個別會發生什麼事；第二種情況就是兩個按鈕一起按，這樣就不知道按鈕會跳出什麼玩具。

每個小孩都可以玩有兩個按鈕的盒子和其他玩具，看過兩個按鈕一起按的兒童會對盒子比較有興趣，至於看過個別結果的兒童，則對其他玩具比較有興趣。

我們得到的結論是，知道兩個按鈕分別按下去的結果的兒童對於箱子比較沒有興趣，因為他們認為已經沒有可以學習東西。相反地，看到兩個按鈕同時運作的兒童對箱子有高度的興趣，因為他們可以嘗試按個別按鈕，觀察所產生的反應。他們被好奇心驅使去探索這個玩具，反而對已知結果的事物不感興趣。這個實驗顯示四歲小孩瞭解事情的因果關係，因為他們要知道這個箱子的按鈕可以分別運作，而非一起運作。

在另一組實驗中，舒茲和同事說明教學如何影響探索。四到五歲的小孩被允許探索透過不同動作會引起四種不同結果的玩具。管子拉來時會發出吱的聲音；按隱藏在管子最裡面的小按鈕，玩具就會亮起來；按壓黃色板子會發出音樂；在其中一個管子裡，會看到自己的倒影。

在教學模式下，實驗者故意只說明如何讓玩具發出吱的聲音；在玩樂模式下，實驗者在小孩面前以玩耍的方式使玩具發出吱的聲音；在控制模式下，實驗者在拿玩具給小孩前什麼都沒做。結果，接受玩樂模式和控制模式的兒童，比起接受教育模式的兒童，會花更多時間探索玩具，發現更多功能。

兒童處於教學模式下，會覺得玩具只能發出吱的聲音，因為沒有教導其他功用。在非教育模式下的兒童不相信實驗者將所有功能都教給他們，所以會不斷探索這個玩具。

教育約束好奇心的例子常常在學校中見到。例如，老師教導學生解決算術問題的方法，學生會覺得這是唯一的方法，就算他們被允許用其他方法解決，也不會探索其他的方法。因此，他們無法全面瞭解問題，教學剝奪了探索數字真諦的樂趣，學生也不會學習額外思考。

玩樂力：練習和創造的驅動力

玩樂力有作為教育的功用，與好奇心互補。好奇心會使兒童探索新知，玩樂力會刺激兒童練習使用技巧和有創意地使用它。

在麥特拉的實驗中，好奇心驅使兒童接近電腦，藉由操作瞭解其特性；玩樂力使他們知道如何應用物品的特性，並且創造方法使用。在兒童發現電腦的繪圖程式之後，會廣泛用來繪出想要畫的東西，這是他們自己創造的，並非電腦固有的性質。相同地，當他們發現電腦的打字軟體之後，會為了好玩而使用軟體，輸入所需要的筆記。過程中，他們對電腦的繪圖和打字會更為熟悉。

在一系列經典研究中，兩名英國成長研究學家米蘭達·休斯（Miranda Hughes）和科琳·哈特（Corrine Hutt），記錄兩歲兒童在探索和玩樂時的不同行為。拿一個新的玩具給兒童時，他們會以非常認真的神情盯著玩具，並試著探索。接下來，繼續以專注的態度操作玩具，探索它的性質，每當他有新的發現時，臉上會小小露出一點驚訝混合著開心的表情。對玩具有充足的認識之後，小孩便會開始玩它，重複產生同一個結果的動作，或者將這些動作合成一個有趣的遊戲。

在探索過程，兒童的表情專注且認真，在玩樂時，表情就變得較輕鬆且愉悅。在心跳方面也有重大的改變，探索時因為非常專注，心跳緩慢且平穩；玩樂時因為比較輕鬆，所以心跳是變動的。對於外在人事物也會有不同的反應，當他們在探索時，會完全不理會研究員，或外在干擾因素；在玩樂時，就比較願意與研究員產生互動，或拿其他事物一起玩。

玩樂這種行為不像探索，並非每一種動物都會，只出現在哺乳類和某些鳥類上。從進化的角度來看，玩樂是一種自然的方法，用來確認年輕的哺乳類，包含年輕的人類，有沒有學習生存和生長所需要的技能。人類藉由玩樂練習的理論，始於德國的哲學家兼自然學家卡爾·古魯斯（Karl Groos），他將研究證據寫成兩本書，分別為《玩樂動物》（*The Play of Animals,*

1898）和《玩樂人類》（*The Play of Man*, 1901）。

古魯斯在進化和玩樂的思想遠超乎當代想像，他瞭解達爾文的理論，對本能有更有精通和先進的瞭解。他認為動物，尤其是哺乳類，必須學習如何使用他們的本能。年幼的哺乳類天生具有生物的驅動力和天性去做某些行為，但是這些行為是需要被練習和精鍊的。

玩樂是鍛鍊天性的重要本能。他在書裡提到，不能說年輕動物玩樂是因為他們年輕愛玩，反而應該說在年輕時玩樂是為了填補他們先天上的不足，以應付未來生活上的挑戰。他將藉由玩樂能學習到的技能加以分類，包括動作玩樂、狩獵玩樂、打架玩樂和護理玩樂。

古魯斯對生物玩樂目的的理論，很符合現實社會中所看到動物玩樂的現象。這可以解釋為什麼年輕動物比年老動物更愛玩，因為年輕動物藉由玩樂做更多的學習。這也可以進一步解釋，為什麼哺乳類動物比其他動物更愛玩。

昆蟲、爬蟲類、兩棲類和魚類出生後，天性比較固定，不需要學習太多東西就可以生存，在玩樂方面的跡象並不如哺乳類明顯。另一方面，哺乳類擁有較靈活的天性，因為牠們必須藉由玩樂來填補和塑造不足的地方。

古魯斯的理論也解釋了不同目和種的動物的玩樂方法。生活中較依賴學習的動物有較多的玩樂行為。在哺乳類之中，靈長類動物（猴子和猿）有較多可以學習的東西，所以牠們是其中最愛玩的動物。在靈長類動物之中，又以人類、猩猩和小黑猩猩最愛玩，因為牠們有最多可以學習的事。

在哺乳類之中，肉食性動物比草食性動物更愛玩，因為狩獵比吃草需要學習更多的技能。除了哺乳類，最常被觀察會玩的動物是鳥類。最愛玩的鳥類是鴉科（烏鴉、喜鵲和渡鴉）、猛禽類（老鷹和其親族）和鸚鵡。牠們都是長壽的鳥類，而且腦之於身體的比重較高，所以在生活型態和覓食方式，較其他鳥類聰明且有較好的適應性。

玩樂是動物增進生存技巧的方法，可藉由知道動物為了生存和生產需要什麼技能，預測將牠會如何玩樂。幼獅和其他年輕的掠食者玩盯梢和追蹤；年輕的斑馬、羚羊和其他被捕食者玩逃跑和躲藏；小猴子學習在樹間擺盪。某些種族，雄性要藉由打架才能接近雌性，因此他們雄性就比雌性更專注於打架。在某些靈長類動物，雌性會比雄性更常花時照顧小孩。

在《玩樂人類》書中，古魯斯將動物玩樂理論推廣到人類身上。人類比起其他動物有更多技能可以學習，所以人類玩樂行為比其他動物多很多。年輕的人類藉由玩樂，學習成為大人所需要的技能，還必須學習自己所處環境的特殊文化。古魯斯表示天擇造成了很強大的驅動力，兒童藉由觀察年長的人從事的活動，並將這些活動融入到他們的玩樂之中。在不同文化中的兒童，會針對生存所需要的活動玩樂，也會根據所在文化的不同，玩特定種類的活動。

在這裡，我將古魯斯理論加以延伸，列出我自己對兒童玩樂的種類和所對應的人類生存技巧的清單。

・身體玩樂

如同其他哺乳類動物，人類必須塑造強健的身體，並學習協調地運作它，所以我們致力於身體的玩樂，包含跑步、跳躍、追逐和爭奪遊戲。兒童不會用無聊又乏味的舉重和跑操場，維持自己的身體健康。他們會玩追逐遊戲、摔角或玩擊劍，直到他們精疲力竭為止。有些身體玩樂在所有文化都可以看得到，像是追逐他人的遊戲，但像擊劍或騎腳踏車並不是所有文化都會看到的，必須在有這個器具和模型下的文化才能進行。

・語言玩樂

人類是語言的動物，所以我們用語言的玩樂學習如何講話。沒有人教年輕的小孩如何講話，他們藉由玩樂自己學習。嬰兒大約兩個月大開始，就會開始發出重複拖長類似母音的嗚嗚聲：喔喔喔、咿—啊—咿—啊。大約四到五個月時，嬰兒會將子音和母音連結在一起，這時會漸漸從嗚嗚聲變成呀呀聲—叭—叭—波、叭—嘎—噠—噠—噠—吧噠噠。

嬰兒只有在開心時會發出這種類似語言的聲音，這是有結構的、自主的、不是為了得到東西而發出的，純粹是為了自己開心而發出的。隨著時間的經過，這些呀呀聲會變成類似母語的聲音。小孩大約到一歲時會發出第一個字，然後他會以玩樂的心態不斷重複它。

之後，小孩的語言玩樂會變得越來越複雜，他們會開始使用片語、雙關語、押韻、頭韻和不同的文法結構，藉由使用這些技巧，孩子加強對母語全方面的認識。專心聽小孩玩語言，不論是一個人講話，或者是假裝與他人對話，你會發現練習語言的結構，對小孩來說是很快樂的挑戰。當語言玩樂發展到極致，就會變成我們說的詩篇。

・探索玩樂

我們是會察覺世界變化的聰明人類，會將探索和玩樂合併起來，增加對事件的瞭解，這就是探索玩樂。

之前我將探索和玩樂做了區別，但是在這裡我要趕緊補充說明，我們的種族常將探索和玩樂混在一起。大部分的小孩都邊探索邊玩樂，他們在玩樂時不但增進自己的技能，同時也在持續尋找新的發現。在麥特拉的實驗中，那些程度可以玩電腦程式的小孩，仍在探索這個程式還有沒有其他功能。我在第七章將介紹當兒童或成人將想像力和創造力注入探索之中，他們就是在合併玩樂及探索，以成人的角度來說這就是科學。

・創造玩樂

我們是靠創造東西生存的動物，創造玩樂教我們如何使用遮蔽物、工具和儀器，從一個地方移動到另一個地方。在創造玩樂中，兒童會努力生產出他們腦海中的物件。孩童堆沙堡，用積木做出太空船，和畫一隻長頸鹿都是創造玩樂。創造玩樂是仿造成人文化的縮小版和假裝版。

狩獵採集者的孩子會做縮小版的小屋、弓和箭矢、吹箭、巢、刀子、彈弓、樂器、鏟子、木筏、繩梯、研缽、杵及籃子。藉由這樣的玩樂，他們會變得擅長使用工具，當他們長大之後，就能夠藉由手工創造出有用的真實物品。

創造玩樂可以藉由文字、聲音或物質傳遞，兒童跟大人一樣喜歡在玩樂時創造故事、詩篇和旋律。創造玩樂對腦力和操作力都同樣重要。

・幻想玩樂

我們是具有想像力的動物，可以想到一些不存在於這個世界上的事物，所以我們有幻想玩樂。它可以培養我們的想像力，成為合理思想建設的基礎。

在這種玩樂中，兒童會提出虛構世界的主張，然後再合理地玩出這些主張。藉由這個方法，可以讓人類發展和練習想像在這世界上不存在的東西來增加想像力。我們一般人常把這樣的能力用在構築未來的計畫上，科學家則用在解釋他們所發展的理論，或預測真實世界的事件。我們將會在第七章做更多的探討。

・社交玩樂

我們是依賴社交的動物，必須與他人合作才能生存，所以我們有社交玩樂，教導我們如何合作跟約束衝動，以符合社會的包容程度。

當兒童一起玩想像力的遊戲時，他們練習社交多於想像。藉由角色扮演來練習共同的觀念行事，同時也練習協商的藝術。一旦決定要扮演什麼角色、用什麼道具、扮演怎樣的背景和如何扮演，在達成協議之後，大家都必須遵守規範。和他人相處、協商是人類生存最重要的技能，兒童在社交玩樂中不斷練習這些技能。我們將在第八章針對社交玩樂做更深入的介紹。

上述所列的玩樂的種類依照功能分類，並無互相排斥，但是其實每一種玩樂都有一種以上的功能。戶外活動可以包含身體玩樂、語言玩樂、探索玩樂、創造玩樂、幻想玩樂和社交玩樂。將所有玩樂放在一起，讓我們成為能發揮功用和效率的人類。

當兒童有機會接觸到其他兒童一起玩樂，細節會隨著文化的不同，而有所改變。和古魯斯理論一致，兒童會從文化中最有價值的活動玩耍，在採集文化中是狩獵和採集，在農業社區的兒童玩動物養殖和植物栽培，在西方文明世界，他們玩涉及閱讀和數字的遊戲，也玩電腦和其他現代科技。

超越古魯斯的理論，兒童不但會被驅使玩在成人世界中最重要且最有價值的技巧，更常會玩他們文化中最先進的技能。因此，兒童學習新科技的速度比家長還快。兒童出於直覺會學習對未來有用的重要技巧，這個時代所需要的技巧，或許會跟家長的年代有所不同。在科技快速變化的時代，我們必須不斷對新事物產生興趣，然後努力學習。

社交力：分享資訊和點子的自然驅動力

在麥特拉的實驗中，好奇心引領兒童靠近和操作電腦，玩樂力帶領他們更擅長使用，最後社交力會使新知識和技能像野火一樣，在兒童間快速散播。因為社交力和語言能力，使兒童的思想連結在一起。當其中一個小孩發現如何下載檔案，就會迅速散播到整個族群，若這個群體的小孩認識其他族群的小孩，也會像野火一般傳播到另一個族群，直到所有的小孩都知道這個發現。

當我在撰寫這篇文章時，有個慈善家為了將識字和知識帶到全世界，正在進行一小孩一電腦的計畫。但是根據麥特拉的理論，我們根本不需要每個兒童都有一台電腦，在共用一台電腦的時候，孩子藉由跟他人分享，可以學習到更多。

其他研究也證實麥特拉的觀察，一起學習比單獨學習可以學到更多東西。在前面的章節我曾介紹舒茲對四歲小孩探索力的研究。舒茲和同事讓四歲小孩探索一個玩具，上面有兩個鮮豔色澤的齒輪，只要啟動開關讓隱藏在玩具裡面的馬達轉動，兩個齒輪就會開始移動。

研究學者用問題激發兒童探索的動力：是什麼造成齒輪的轉動？更詳細一點，是齒輪A轉動帶動齒輪B，還是齒輪B帶動齒輪A，亦或是馬達單獨轉動兩個齒輪？兒童可以藉由一次移除一個齒輪，啟動馬達看齒輪如何運作。在這過程中，舒茲和同事發現，群體探索的兒童比單獨探索的更有可能解決謎題。兩個人可以彼此分享所發現的事物，所以一個兒童的發現會變成兩個兒童的發現。

人類的生物適應性會使我們自然且自動自發向他人學習。其中一個本能是反射凝視跟隨，當我們注意到一個人在看著某個地方，眼睛會自動反射看向他在看的地方。這個反射可以幫助我們理解，他在想什麼或在講什麼。當一個人說：「喔！真是美麗！」自動凝視跟隨可以讓我們瞭解他所指的物品是什麼。

凝視跟隨在嬰兒時期最為明顯，嬰兒在六個月大時會盯著照顧者所看的東西。嬰兒注意照顧者在環境中所注意的物品和事件，是學習文化中相當重要的事。凝視跟隨有助於幫助兒童學習語言，當小孩聽到媽媽說出新字，例如蘑菇，如果媽媽講這個字時，剛好看著所講的東西，小孩就有可能學到這個新字。

沒有其他動物能像人類，將凝視跟隨發揮至極致。事實上，我們人類瞳孔的特殊顏色，可能是天擇下的特殊適應構造。讓我們可以跟隨其他人的凝視，並且更瞭解對方。人類眼球相對較深藍色或棕色的圓形狀虹膜，將我們可以看物體的部分跟眼球亮白色的地方做分離，使他人可以更清楚我們在看哪裡。其他靈長類，包含猩猩和小黑猩猩也會藉由凝視跟隨學習，但是並不如人類自動，也比較不準確，因為牠是看整顆頭在動，而非眼球在動。

我們藉由在嬰兒時期和早期童年所玩的語言遊戲學習語言，幫助我們後續的社會學習。語言讓我們可以告訴其他人，不只現在的事物，還有過去的、未來的、遙遠的、假設的事物，都是其他動物所做不到的。

如同哲學家丹尼爾·丹尼特（Daniel Dennett）所說：「鳥類或海豚的大腦，和人類的大腦比較之下相差甚遠，因為我們的大腦聚集成一個認知系統，藉由語言整合。」

每天聽不同年紀的人對話，你將驚訝於語言每分鐘交換的資訊量。隨著兒童長大，他們使用語言變得更為精鍊，在對話中所交流的點子也越來越成熟。

榮妲．葛柏（Rhonda Goebel）在碩士論文中，記錄與分析瑟谷學校學生之間的對話，底下是其中一個對話的片段。這是從未經過編輯的對話，比較難理解，因為看不到肢體動作，但我們會有辦法瞭解的。當你在閱讀以下對話時，想想這些年輕的朋友在簡單幾個字的對話裡，所傳達的複雜主意。沒有任何老師或教科書的教導，也沒有任何測驗判斷他們的討論對錯。

拉翠斯（十六歲）、皮特（十二歲）、蒂娜（十四歲）和貝瑟尼（五歲）討論拉翠斯所提出廢除皮毛產業的希望。

皮特：我們這樣說好了，一個農夫養了一堆牛和豬，這是他的生活。我認為這是農夫的工作和他吃飯的工具。

拉翠斯：我們不是在講肉品產業，我們是在說皮毛產業。這是兩種不同的東西。

蒂娜：如果你想要，你可以吃肉為生。

拉翠斯：但是你將它當成外套在穿，然後說：「我是不是很特別？」

皮特：我才不會那樣做。

貝瑟尼：我完全不瞭解你們在爭吵什麼？

拉翠斯：我們在爭論皮特所說的人類穿皮草，而且人類有皮毛農場，皮特說那是他們的工作，如果他們想要的話，那是他們的選擇。這實在太荒繆，因為農夫沒有權力奪取動物的性命，這個決定權應該在動物身上。

皮特：雖然你認為不應該這樣，但實際上就是這樣。

貝瑟尼：這只是一個觀點而已。

拉翠斯：皮特，雖然以現在的法律，這樣說沒錯，但是在伊利諾州的法律下虐待動物是重罪。你不覺得這樣很可笑嗎？建造皮毛農場用毒氣毒死動物、折斷牠的脖子和用電擊，不算虐待動物嗎？我們習慣依照法律行事。在過去，為了個人的生計，可以將他人當作奴隸；在過去，投票是只有男人可以做的事。法律只是指現在的事，未來有可能改變，所以不代表任何對與錯。雖然你的理論相當強烈且有道理，但是我希望你能提供說明支撐你的論點。

這段對話涉及真實世界法律的目的，法律和道德之間的不同，什麼樣的自由在民主社會中該被允許或該被禁止。雖然是一群平凡的小孩聊天，但是他們抓住抽象的知識和道德觀念，並且挑戰其他人的論點，進而更清楚地闡述他們自己的想法。

小孩之間的聊天常常發生，而且是非常有力的教育工具，特別是對十一至十二歲的兒童，他們藉由語言探索其他人的想法，就像四歲小孩用手探索玩具。

學校如何阻撓兒童教育天性

為何學校的教育不採取麥特拉實驗中貧困兒童玩電腦學習的方式，來快速啟發兒童的熱情和傳遞知識？這個答案很簡單。因為兒童在學校裡不能追求自己的興趣，或者用他們的方式追求自己的興趣。兒童在學校多多少少會被評估，因為顧忌這些評估和取悅老師（或者，有些叛逆的學生是為了違背老師）會使兒童無法去追求他們真正的興趣。

在學校裡，兒童只被教導一種解決問題的辦法，並相信其他解決問題的方法都是錯的，讓發現新解法的可能被打壓了。麥特拉也指出，學校用年齡區分兒童，抑制了年紀較小的兒童藉由跟年紀較大的兒童交流，獲得已經存在的知識及技巧。

好奇心、玩樂力和有意義的對話，因為都需要自由，所以在學校被阻撓。

心理學家蘇珊．安格爾（Susan Engel）和同事對美國幼兒園和五年級小孩做研究，發現他們對要讀的東西，不會產生好奇心；在問問題時，只會問規則和需求，像是多久要完成，從來不會去問和作業相關的東西。通常都是老師提出問題，學生針對老師的問題找答案。當學生產生不一樣的問題，為了不讓他們進度落後，老師通常會去遏止他的想法。

例如：小孩開始在活頁本上練習寫字時，兩個幼兒園小女孩很有興趣地注視著桌上印著謎語的冰棒棍，並且開始閱讀和猜測這個謎語。老師會將棍子拿走，然後說：「我們把這些收起來，這樣你們可以繼續寫字。」

另一個例子，五年級的課程中，提到埃及人以前用輪子來拉重物。老師給學生們一塊木板、一些積木、一條線、一些小木輪、一把尺，和一張工作清單說明書。有組學生不照清單上的指示工作，而探索其他方法時，就會被老師阻止，並且說：「孩子，我下課會給你時間自己玩，現在是科學時間。」

學校就是這樣，為了使學生能在期限內完成指派的作業，壓抑學生的好奇心和熱情。難怪學生在學校越久，對所學的科目會越沒興趣。在許多大規模的實驗中顯示，學生學習的興趣隨著年紀漸長而下降，特別是科學，其他科目也是一樣。

我們研究以色列不同公立學校五到八年級的學生對科學的興趣，在一般傳統公立學校，興趣隨著年級的上升而下降，但在民主公立學校興趣卻隨著年級的上升而增加。以色列民主學校並不像瑟谷學校那樣民主和容忍自我導向，但比其他學校給孩童更多的自由。在以色列民主學校的科學課，老師不是只讓他們照著清單去操作，而是讓他們自己操作和實驗。

Chapter 7

遊戲心態

大約三年前，詹姆斯．麥可斯（James Michaels）於維吉尼亞工藝州立大學所領軍的心理學家研究團隊，在真實世界的設定環境中進行了一項簡單的實驗。他們在大學學生中心的撞球間周圍閒晃，安靜地看人家打撞球。剛開始他們很低調，只默默計算把球成功打入袋的每位球手年齡百分比，以便把球手歸類成高手或菜鳥。

接著他們把觀球距離拉近，開始以讓球手知道這些人在評估其表現。他們用這種模式看了多位球手的多場球賽，以下是他們的發現：

近距離觀球會讓高手表現得比沒人看球時更好，但對菜鳥則有相反影響。總歸來說，在有人看球的情況下，高手平均成功率從七十一％上升至八十％，同時菜鳥則從三十六％掉到二十五％。

其他實驗也得到類似結果。當研究對象認為有人在觀察評估其表現時，技術高超者會變得更強，而技巧不佳者則會變得糟糕。研究發現，相較於打撞球這類的生理性比賽，在精神性任務，例如解決數學難題或對哲學家的觀點提出想法，因觀察評估而影響的強弱程度會更為嚴重。當任務涉及創造性或困難技術的學習時，觀察者或評估者的存在，會對幾乎所有的參與者產生抑制。評估者的地位階級越高，評估結果就更為重要，對學習也會就產生更強烈的抑制影響。

我們有充分理由相信，評估促進強者更強，並抑制學習者表現的理論，也適用於學校學生身上。一般人會認為，學校是讓人學習和練習的地方，而非高手炫耀的所在。但是，在不斷監測和評估學生表現的環境下，學校似乎已成為激發高手的最佳場所，並成為干擾學習者的理想設計。那些不知怎麼已經學會學校功課的人，不知不覺中就把功課學好的學生，在這種情況背景下通常表現非常良好，但那些還沒開竅者就不是這樣了。評估在已學會者和未學會者間分裂，讓前者越優而後者越劣。評估具有惡性影響，製造出與遊戲心態相反的心理傾向，而遊戲心態對於學習新技巧、解決新問題和從事各種創造性活動而言，是一種理想的狀態。

本章所闡述重點和遊戲的力量有關。我將從來自心理學研究的四個結論開始，就我的解讀看來，這四個結論都是在闡明遊戲的教育性力量。接著我會提出遊戲的定義，說明每項定義對遊戲的力量有何貢獻。

遊戲的力量：四個結論

我們所討論的四個結論，每個都有大量實驗為後盾，也都是研究學習與表現的心理學家所熟知的，但教職人員對這就不那麼瞭解了。整體而言，這些結論顯示出學習、問題解決和創造力，會因遊戲感被干擾而劣化，也會因遊戲感的提升而有所改善。[4]

・壓力越大，表現越好？研究：只會干擾學習進度

本章引言中所描述的研究證實了這項結論。在研究中，施加壓力可以讓表現良好，但許多實驗也證實，壓力會對尚未熟習技巧者，或才剛開始學習者的表現產生劣化影響。

「只是以玩耍」的心態，在撞球場、在數學上，或是辯論場上的表現，遠比「試著要讓評估者印象深刻」的人，表現要好得多，已精通該專長者不含括在此。

・壓力越大，創意越多？研究：只會壓垮創意

心理學家泰瑞莎・艾默伯（Theresa Amabile）對創造力的研究不遺餘力，多數於布蘭德斯大學（Brandeis University）進行。在一項實驗中，她要求一組人——有時是兒童，有時是大人——在一定時間內從事一項創造性的任務，例如：畫畫、做拼貼畫，或者寫首詩。每個實驗皆以提升參與者積極性為目標，她只告訴某些參與者，做出來的作品會接受創造性評估與評選，可能有資格參加競賽而獲獎，其他人則無。

當作業完成時，她會讓一無所知的評審來評比這些作品，接受針對創造力而進行的評估。儘管，創造力很難定義，但評審在評估結果上，展現了明顯的一致性。評審將最高評價給了原創性十足，令人驚異，具有深意，並帶有一致性的作品。

壓倒性的實驗結果如下：任何對創造力提升有所刺激的介入，都會降低創造力。實驗發現，大多數的創意性產品，都不是在刺激環境下所創作出來的，也就是出自那些覺得作品不會受到評估或進入比賽，沒有任何獎品等著他們的人。他們認為自己只是為了好玩而創作。簡而言之，他們就像在是在玩遊戲。

如果你想提升大家對拔河，或者任何無聊、反覆性任務的努力程度，像是剝豆殼或抄寫句子這種事，你可以藉由刺激迫使他們做得更好而成功。但你沒辦法靠非常努力產生創造力。創造力是精神上的天時、地利、人和，正巧都對了，才會出現火花，高度刺激似乎只會把這些條件打亂。

如同艾默伯女士所指出的，這對靠創意討生活的人而言並不新奇。成就非凡的小說家、劇作家、藝術家、音樂家和詩人，這些必須用腦思考以產出作品的人都說過，他們必須忘記取悅觀眾、討好評論家、贏得大獎，或是獲得死忠粉絲，因為這類想法會扼殺創造力。他們必須為了自己，拚命全神貫注在創作上。

4　大部分我引用在此章節的研究，是由那些在描述他們的假設和結果時，不使用「玩耍」，或「愛玩」術語的人們進行的實驗。他們談論關於「壓力」與「有壓力」精神狀態、樂觀的心情與負面的情緒，或自發性與其他人所施加的工作和目標。但是從本章的角度來看，所有這些研究都是關於玩耍。玩是沒有壓力的，是自發性的活動，以樂觀的心情進行的。

舉例來說，小說巨匠約翰・厄文（John Irving）曾被問到，寫作時他會不會擔心書賣不賣，他回答道：「不會，完全不會，絕對不會。沒辦法，你根本沒辦法擔心！……寫作時，腦子裡想得到的就只有書而已。」

・遊戲心態可增加創意與問題解決的能力

在艾默伯的經典研究出現後，保羅・霍華德—瓊斯（Paul Howard-Jones）與他的同事所進行的實驗，印證了改善藝術創造力的方法。

他們在實驗中要求幼兒做拼貼畫，評委會將針對作品進行創意評估。在做拼貼畫之前，先給一些孩子二十五分鐘自由玩黏土的時間，讓孩子進入遊戲的心情，其他孩子則把時間花在抄寫書本這種非遊戲性任務上。結果顯示，在遊戲心態下的孩子做出的拼貼畫，在創造力上所獲得的評價，遠高於非遊戲心態的孩子。

任職於康乃爾大學的心理學家愛麗絲・伊森（Alice Isen）研究過心情對洞察力的影響。想要頓悟問題，必須具有某種創意性的跳躍，讓人能夠以不同過往的方式看待問題。有些答案平常不太可能出現，大都是靈光一現，才想出解決方法。

在一九四〇年代發展出、被用於無數心理學實驗的鄧肯（Duncan）蠟燭問題，則是這類問題的經典案例。在這項實驗中，會發給參加者一根小蠟燭、一盒火柴和一盒圖釘，要求參加者要把點燃的蠟燭固定在布告欄上。參加者只能使用這三樣東西。

要怎麼做呢？其實很簡單，訣竅在於把圖釘從盒子裡拿出來，再把盒子釘在布告欄上，當成托住蠟燭的架子。

在典型的測驗狀態下，包括明星大學的學生，大多數人都無法在指定時間內解決問題。他們無法看出圖釘盒，除了是圖釘收納容器外，還能有別的用途。在伊森的實驗中，大學生共分成三組，第一組看了五分鐘的笑鬧喜劇片；第二組則看了五分鐘有關數學的嚴肅影片；第三組沒有看影片。

實驗結果非常戲劇化。看了喜劇片的學生，有七十五%成功解決了問題，相較其他兩組，分別只有二十%和十三%的學生解出問題。從此可以得知，只是五分鐘的笑鬧幽默，就讓大多數的參加者輕而易舉解決了問題。在其他實驗中，伊森和同事同樣證明了心情，能在其他情況下提高洞察力，包括了可能的生死議題。

在這項實驗中，研究人員對醫生提出難以診斷的肝病病例，包含了某些會誤導病情的資料。醫生接觸問題前，研究人員給了一些醫生一小包糖果，執行心情操縱策略。不出所料，拿到糖果袋的醫生，比沒有糖果的醫生更快做出正確的診斷。他們更能靈活推理判斷，更迅速斟酌所有資料，更少因誤導情報而陷入泥淖。

伊森和參考其研究成果的其他理論家，將實驗成果形容為「正向心情」能增進創造力、洞察性推理的證明。

我認為最有效的正向心情就是遊戲心態，喜劇短片讓大學生有「嘿，這個實驗是要找樂子的，不是什麼測驗」的感覺，而那袋糖果對醫生們也具有類似效應。當然啦，真正要在醫生身上下的工夫，是讓醫生診斷嚴重問題時仍能保持那種心情。

・遊戲心態可讓兒童戰勝邏輯問題

在英國所進行的實驗中，戴爾斯（M. G. Dias）與哈里斯（P. L. Harris）發現幼兒在遊戲環境下，能夠解決在嚴肅正常環境下，似乎無法解決的邏輯問題。

實驗所用的邏輯問題為亞里斯多德提出的典型邏輯三段論法，要求把兩項假設中的事情結合起來，決定是真是假，或者是含混不清（無法憑藉假設進行判斷）。當假設和具體現實同時發生時，三段論法通常輕而易舉，但在假設與事實相反（與現實矛盾）時則反之。英國研究人員進行實驗時認為，解決與事實相反之三段論的能力，取決於幼兒完全缺乏的推理能力。

以下是研究人員所用的與事實相反三段論法案例：

．所有的貓都會汪汪叫（主要假設）。

．馬芬是一隻貓（次要假設）。

．馬芬會汪汪叫嗎？

著名瑞士發展心理學家皮亞傑的研究顯示，十歲或十一歲以下的兒童經常無法正確解決這類三段論法，也就是他們無法給出邏輯學家認為是正確的答案。

當英國研究人員把這類的三段論法用嚴肅的語調告訴小朋友時，小朋友的回答就如皮亞傑和其他研究人員所料，他們會說「不會，貓是喵喵叫，牠們不會汪汪叫」。孩子的表現像是無法想像假設是否符合他們真實世界的經驗。

但是當研究人員用遊戲的語調提出同樣的問題，孩子們明確得知這是在講一個假裝的世界，即使是四歲大的兒童也經常能解出問題，他們會說：「會，馬芬會汪汪叫。」

這實在很有趣：遊戲中的四歲小孩能輕鬆解決本來要十或十一歲才能解決的邏輯問題。事實上，後續的實驗證明，在明確以遊戲方式呈現時，甚至兩歲的幼兒都能解出這類問題。

這些發現對我們證明遊戲的力量。藉由促進遊戲進而提升學習、創造力和解決問題的能力，而但這些能力有可能會受到評估、期待獲獎，或任何摧毀遊戲心態的東西所抑制。我們應該要瞭解，遊戲到底是什麼，為什麼遊戲能成為學習、創造力和解決問題的強大力量？

遊戲是什麼？

當我們試著深入思考，遊戲會在腦中產生矛盾的概念。

遊戲是嚴肅的，也是不嚴肅的；是無足輕重的，但也舉足輕重；是想像性與自發性的，但也受到真實世界的規則所約束；遊戲很孩子氣，但也是許多大人的強力依託。

從演化的觀點來看，對兒童和其他哺乳動物幼兒而言，他們透過遊戲，學會賴以為生的技能，並在遊戲中更加熟練。從另一個觀點來看，遊戲是上帝為了讓地球上的生命有所價值，而贈予的禮物。

遊戲真的不好定義，但很值得花些時間試著這麼做，因為遊戲的定義是解釋其教育性力量的有力線索。

1. 所有遊戲特性皆和積極性與精神態度有關，非關行為本身的形式

有兩個人在丟球、釘釘子，或是在電腦上打字，其中一個人可能是在玩遊戲，而另一個卻

不是。要分辨出哪個是在玩遊戲，哪個不是，你必須從他們的表現，以及為什麼他們做這件事，和對該事的態度行為細節上推想。

2. 遊戲不一定為舉足輕重或無足輕重

遊戲可以混合其他動機和態度，比例可以是零到百分之百之間的任何一點。形容詞的遊戲被解讀為可以逐漸變化的東西，大家可以將「遊戲的態度」或「遊戲的精神」帶入進行的任何活動中。

一般說來，純粹的遊戲（百分之百在遊戲的活動），在兒童身上要比成人來得常見。在成人身上，遊戲通常混合了和責任有關的其他態度與動機，我們對此沒有評量尺度。我在寫這本書大概有八十%是在遊戲，百分比隨著我不斷寫下去而不時出現變化；在擔心交稿期限或評論家會怎麼看這本書時，遊戲心態會因此降低，而當我專心在目前的研究或寫作時，會隨即升高。

3. 遊戲無法簡單定義，更像是數種特性的聚合

對遊戲進行研究並加以論述的前人，講解了不少這類特性，我認為可以去蕪存菁成下列五點：

(1)遊戲是自我選擇和自我導向的。
(2)遊戲是意義比結果更為重要的活動。
(3)遊戲不受有形必要性所支配。
(4)遊戲是富有想像力的、不刻板的，在精神上脫離「真實」或「嚴肅」的生活。
(5)遊戲牽涉到主動性、警戒心，不是有壓力的心情狀態。[5]

如果一項活動越能涵括這些特質，越多數人會認為那項活動是遊戲。這裡的「多數人」不僅是學者，還包括幼兒。這些特質符合我們對遊戲是什麼的直覺感。要注意喔，所有的特質都和當事人對活動投入的積極性與態度有關。

‧遊戲具有「自我選擇」和「自我主導」的特性

首先，遊戲是一種自由的表現。它是想要做的事和必須要做的事不同。

在某項研究實驗中，幼兒園的孩子認為只有自願性的活動才叫「遊戲」，也就是在休息時間進行的活動，「作業」則是學校課程的所有活動，包括那些設計來玩樂的手指畫、接力賽跑和聽故事。

遊戲的樂趣在於自由的著迷感。遊戲不是一定有笑容與笑聲相伴，笑容和笑聲也不一定是遊戲的正字標記；但遊戲永遠會有一種「好啊，這就是我正想做的事」的感覺。遊戲者是自由的原動力，不是某人遊戲中的卒子；遊戲者不只選擇玩或不玩遊戲，他們也在遊戲期間導正自我的行動。

遊戲永遠牽涉某種規則，但所有的遊戲者必須自由的接受規則，而且萬一規則更動了，所有遊戲者也都必須同意這些更動。這就是為什麼遊戲是所有活動中最民主的。

在社交性遊戲中（牽涉一名以上遊戲者的遊戲），其中一名遊戲者可以擔任一段時間的領導者，但只有在其他遊戲者都有意願的情況下才可行。領導者所持有的每項規則，須經過所有遊戲者同意，起碼也得心照不宣。

在遊戲中，最大的自由就是不要玩的自由。遊戲者想要繼續玩，但他們知道如果其他遊戲者不開心，自然就會退出不玩，遊戲也會因此結束。遊戲是學習如何取悅他人，同時取悅自身的有力工具。

試著控制（進而毀掉）兒童遊戲的成人，忽視——或者是不知道——遊戲屬於自我選擇和自我導向性質這項特點。大人可以和小孩玩，某些情況下甚至可以當遊戲裡的領導者，但想

5 狼與狗等肉食性動物，在追捕獵物的遊戲中，追捕者是處於優勢的，而在列出遊戲特點時，可以參考這項例子。

這麼做的話，至少要具有兒童對所有遊戲者所展露出的需求與期望。成人在孩子的心目中是權威的，所以成人領導遊戲時，孩子常有被迫、無法停止不玩的感覺。相對於讓兒童當領導，成人所提出的遊戲規則常會讓孩子覺得「不好玩，乾脆不要玩算了」。

當兒童感到被強迫，遊戲的精神蕩然無存，所有好處也隨之消失。學校的數學遊戲和體育課都有一定的成人規則，對那些覺得自己非參加不可者而言並非遊戲。對可以自由選擇的孩子，成人主導的遊戲可以非常好玩，但對無法有所選擇的孩子來說，可能就跟處罰沒兩樣。

用在兒童遊戲上的道理，同樣也能應用在成人的遊戲感上。研究顯示，具有大幅自由選擇何時工作的成人，通常會覺得工作像是在遊戲，即使工作很艱難時，也覺得像是在玩。相反地，必須按照他人指示、沒什麼餘地可以發揮自身創意者，很少會覺得工作是遊戲。

此外，許多研究顯示，當人們可選擇執行某項任務時，通常比被命令而不得不做的情況，要來得更周全且有效率。因為在受到強迫時，他們只會盡必要的努力來滿足要求者。

我很確定你並未因研究發現而感到震驚，社會科學家就是這樣，有時會繞一大圈子，就為了印證平淡無奇的事物。而有趣的是，人們在想到兒童時，常忘記這些平凡的觀點。無論年齡老幼，每個人都偏好自由和自我引導，而非受他人的控制。當我們強迫孩子在學校「學習」時，就跟成人在類似的狀況下一樣，孩子會有盡最少努力、只求脫身即可的傾向。

．遊戲的動機大多來自手段，而非目的

在我們不覺得被他人逼迫的情況下，我們許多的行動都是「自由」的，但實際上並非真正的自由，至少體驗到的不是自由。

有時候，我們覺得自己必須去做某些的行為，以達成某些目標。像是為了止癢而抓癢，看到老虎快逃跑以免被咬，為了考試能得高分而念無聊的書，做無聊的工作才能賺錢。如果身上不發癢、路上沒老虎、學校沒考試，或者不需要錢，我們就不會抓癢、不會逃跑、不會念書，也不會做無聊的工作。因為這些都不算是遊戲。

單純為達成某種目標而從事的活動，不能算是遊戲。當我們不處於遊戲狀態時，最珍視的是行動的結果，行動不過是走到終點的工具；當我們不遊戲時，通常會選擇最簡短、最輕鬆的方法達成目標。舉例而言，非遊戲心態的學生會念最少的書，以得到想要的一百分，念書的重點只會在得到好成績的目標上，和考試成績無關的任何學習都是無謂的浪費。

若是抱持遊戲的心態，遊戲就會變成是針對其自身的主導性活動。具備遊戲心態的學生會喜歡研讀，並關心和考試沒有關係的科目。在遊戲心態下，重點會放在方法而非結束，遊戲者不必追求完成的最簡單路徑。想想捉老鼠的貓和邊玩邊捉老鼠的貓，前者採取最快的方法來取老鼠的命；後者則是遍試各種捕鼠法，不見得都很有效，還會故意讓老鼠逃跑，牠才能

再試一次。狩獵的貓享受成果；而遊戲的貓則享受方法。（當然啦，不管是哪種狀況，老鼠都壓根兒不想碰上）。另一種說法則說遊戲是從本質上被激勵的（受活動本身所激勵），並非因外來因素而受到激勵（因某種和活動本身無關的獎勵）。

遊戲常具有目的性，不純粹為了玩而玩，重點在於完成「過程」的樂趣，目標完成與否，反而是其次。例如，孩子在建築遊戲（玩「蓋什麼東西」的堆沙遊戲）中，他們的想法一定是蓋出一棟建築，而非擁有什麼建築。如果大人走過來說「你不用再堆了啦，我會幫你做個城堡」，正在堆沙堡的小朋友絕對不會開心，這樣只會毀掉他們的樂趣。同樣地，在玩競賽遊戲的大人或小孩具有要得分和取得勝利的目標，但如果他們是真的在玩遊戲，激勵他們的是得分和試著取勝的過程，而非分數本身或獲勝狀態。若某人鑽規則漏洞而取勝，或透過捷徑省略遊戲過程，而獲獎並受到讚許，那麼他就不是在玩遊戲。

成人可以問問自己，以測試在工作中的遊戲程度：「如果為世界做事能讓我有同樣的薪水，未來的薪水也預期有相同待遇，其他人相當贊成，且成就感跟現在做的這份工作一樣好，我會不會辭職？」

如果應答者急著辭職，那麼這份工作就不是遊戲；如果會猶豫或不想辭職，這份工作就是遊戲，因為喜愛而從事那份工作，其他都是獲得的外來獎勵。

著名的行為科學家斯金納（B. F. Skinner），他認為所有行為都是為了達成希望的結果或獎勵，斯金納稱其為「強化物（reinforcers）」，他的觀點在二十世紀中期一度成為心理學主流，並發展出完整的心理學。

跨越心理學的視野，經濟學家傾向將我們視為理性的會計師，他們的論述是朝以最小努力，獲得最大量金錢或貨物所準備的，如：舊式斯金納流心理學，現代經濟學理論在解釋如何讓人們（或老鼠）做不想做的事情上成效斐然，但在遊戲上馬上就完全失敗了，在某種程度上，遊戲鼓舞造就人類成就的大部分事物，斯金納流的心理學和現代經濟理論在瞭解人類行為上的功用有限。

研究人員證明，在某些情況下，獎勵確實會因灌輸活動是工作而非遊戲的想法，降低人們從事的可能性。馬克．吐溫很早以前就告訴我們這項原則，這位大師對人類行為所知，遠超過我所認識的任何行為科學家。他筆下的《湯姆歷險記》曾描述，湯姆讓朋友班替他粉刷籬笆，卻沒有付一毛錢，反而表現得像是班應該付他錢，換得能夠粉刷籬笆的殊榮。

在一項一九七〇年代早期所進行的實驗中，密西根大學的研究人員做了與湯姆相反的行為，他們針對學齡前兒童，藉由給予獎勵，把一項原本很有趣的活動轉變為工作。

起初，所有孩子都很喜歡用彩色簽字筆畫畫，小朋友用很多的自由時間畫畫。但在實驗中，孩子被分為三組。研究人員事先告訴其中一組小朋友，他們會因用簽字筆畫一張畫，獲得一枚好寶寶章；另一組的小朋友則是先讓他們畫一張畫，之後再給好寶寶章作為驚喜；最後一組小朋友請他們畫一張畫，但不給任何獎勵。實驗在小朋友不知道其他組的情況下進行。

實驗得到兩項重要結果。首先，經過不知道畫作出自哪一組之手的裁判評選後，期待獲獎組所畫出來的畫，明顯比另外兩組要糟得多。其次，期待獲獎組在後續的自由時間中，只花費約其他兩組一半的時間來畫畫。

研究人員並未在無獎組和未期待獲獎組的孩子之間找出什麼差別。研究人員將這些結果，解讀為期待獲獎會局限兒童畫畫的證據。小朋友把畫作視為獲獎的工具，而非因好玩而去畫。當他們必須作畫時，選擇投入較少（只夠拿到獎品）的精力，並在無獎可領時傾向逃避作畫。而未期待獲獎的小朋友，則沒有這種影響，因為並沒有人把獎品當成是激勵因素。小朋友不知道會得到好寶寶章，所以不會告訴自己說「我只要有畫圖就能有好寶寶章」。許多以成人和兒童為對象的後續實驗，皆得到類似的結果。

研究的言外之意非常明顯，過度地把注意力放在獎勵和成果上，可能會毀掉遊戲。當獲勝的目標凌駕於單純享受遊戲樂趣時。當遊戲變成證明某人比其他人更好的手段，或者是團隊「需要」勝利感的根基時，會成為非遊戲的某種東西。當獎品成為從事該活動的主要理由時，所有類型的遊戲都會被毀壞殆盡。

我想如果學校不要透過獎勵和處罰鼓勵學習，把可能很有趣的活動變成工作的話，我們之中很多人會樂於徜徉在歷史、數學、科學和外文的領域中。

・隨心所欲地制定遊戲規則

遊戲是可自由選擇的活動，但其並非完全自由的活動。遊戲永遠有結構，從遊戲者腦中的規則衍生而出。

遊戲的規則就是方法，想要玩遊戲，就得按照自己選的規則行事。規則並不像是醫學規則，也不是會讓人自動遵守的生物直覺，通常需要有意識的努力，才能在腦中記住並遵守。

舉例而言，建築遊戲的基本規則是你得用所選的工具，用某種目的於產生或刻畫出特定物品或設計的方式來進行作業。你不會隨機堆一堆磚頭；你會根據想創造出的物品之精神形象，慎重地把磚頭排列整齊。

亂鬥遊戲（就是追趕跑跳碰）看起來可能像是在戶外亂跑一通，實際上受規則所約束。例如打架遊戲中的萬年規定——你得模仿某個真實打鬥的動作，你不是真的想要打傷別人；遊戲者不會踢、咬或亂抓一通。玩打架遊戲比真的打架受控許多，是一種受到約束的活動。

就規則而言，遊戲研究人員稱最複雜的遊戲形式為社會戲劇遊戲，意即玩耍式的扮演角色或場景，就像小朋友玩「辦家家酒」，玩結婚遊戲，或者假裝自己是超人、蜘蛛人，遊戲者必須遵守對扮演的角色所共享的瞭解，這是基本規則。如果你在演寵物狗，就必須一直走來走去，並且汪汪叫，而不是講人話。如果假裝自己是神力女超人，你和玩伴認為神力女超人永遠不會哭，那即使跌倒或受傷了，也不能哭出來。

為了說明以規則為基礎的社會戲劇遊戲性質，俄羅斯心理學家維高斯基描繪了一對實際存在的七歲和五歲姐妹，她們有時會扮演成姐妹。身為真正的姐妹，她們很少想到自己的姐妹情誼，對待彼此的行為也沒有一致之處。有時很喜歡對方，但有時會大吵特吵，有時根本忽視對方的存在。但當她們在玩姐妹遊戲時，卻會根據她們認為姐妹應該有何舉動的共有印象來演姐妹。她們會做類似的打扮和說話方式，走路要手勾手走在一起，談論彼此有多相像，以及彼此之間有多不同等。比起真的當姐妹，扮演姐妹需要更多的自我控制、精神努力和規則依循。

具有明確規則的遊戲類別，也就是所謂的正規遊戲，包括下棋和棒球，擁有明確的規定，確實將解讀中的模稜兩可減至最低程度的方式進行。這些遊戲的規則通常是由遊戲者一代傳一代。社會上有許多正規遊戲皆屬競賽性質，而正式規則的其中一個目的，在於確保同樣的限制平等施加在所有競賽者身上。如果是真的遊戲者，正規遊戲的遊戲者必須在遊戲期間適應這些規則。當然了，這類遊戲的「官方」版本除外，遊戲者通常會依自身需求或希望修改規則，但每項修改皆須經所有遊戲者同意方可行。

重點在於每種型態的遊戲皆需良好的自我控制。不玩遊戲時，兒童（大人也一樣）可能根據立即性的生物需求、情緒和想法來行動，但在遊戲中，他們必須以自己和玩伴認為適合遊戲的方式來行動。遊戲確實引人入勝，因為遊戲是以遊戲者本身創造或接受的規則所建構出來的。

最強調遊戲規則基礎本質的遊戲學者，是先前所提到的維高斯基。在一九三三年發表的一篇關於成長中角色扮演的論文中，維高斯基提出「遊戲是自發自由的和遊戲者必須遵守規則的兩種想法之間，有著明顯的自相矛盾」的評論：

> 自相矛盾之處在於「兒童」在遊戲裡會採取限度最低的界線，小孩做自己最想做的事，因為遊戲和樂趣息息相關，而同時小孩也學到藉由服從規則來依循最大限度的界線，並因此放棄自己想要的，因為服從規則和放棄衝動的行為是成就遊戲中最大樂趣的途徑。

遊戲不斷在兒童身上創造出對抗立即性衝動的要求。兒童在每個階段裡所面對的，是遊戲規則和如果突然能自由行動而隨心所欲之間的衝突……因此，遊戲的必要屬性是成為欲望的規則……規則戰勝了，因為它是最強大的衝動。這樣的規則屬於內在規則，一種自我限制且自我判斷的規則……用這種方式，兒童的最大成就可能出現在遊戲裡，成為兒童真實行動和道德的基本標準。

維高斯基的論點是兒童強烈想要遊戲的欲望，會成為學習自我控制的激勵力量。兒童忍受和規則成反比的衝動和誘惑，是為了追求在遊戲中更大的樂趣。

我想針對維高斯基的分析補充一下，兒童接受遊戲規則，僅僅是因為他永遠有在規則變得太沉重時選擇不玩的自由。記住這點，就能輕易看出矛盾所在，兒童真正的自由並不受遊戲規則所限，因為他們可以隨時選擇離開遊戲。這是另一個為什麼不玩的自由是遊戲重要定義的觀點。沒有這份自由，遊戲規則就無法被接受。在現實生活裡被要求舉止要像神力女超人當然很恐怖，但如果那是在玩，而你永遠可以自由選擇不玩的話，就會很好玩！

・遊戲富含想像力

遊戲的另一個明顯矛盾在介於嚴肅或不嚴肅，真實或非真實。

在遊戲裡，我們進入的是一個位於真實世界裡的範圍，使用真實世界裡的道具，而這個範圍通常和真實世界有關，遊戲者說它是真的，然而在精神上卻以某種方式脫離了真實世界。

想像力或幻想是社會戲劇遊戲中最顯而易見的，遊戲者在當中創造出角色和情節，但想像力同樣以某種程度的存在，出現在所有其他形式的遊戲中。在亂鬥遊戲中，打鬥是假裝的並非真實；在建築遊戲中，遊戲者說自己在蓋城堡，但他們知道那是假裝的城堡而非真實。在具有明確規則的正規遊戲中，遊戲者必須接受既定的、作為規則基礎的虛構條件。舉例而言，在真實世界中，主教可以按自己選擇的方向自由移動，但在西洋棋的幻想世界裡，主教只能斜著走。遊戲的幻想觀點和以規則為基礎的性質緊密相關，因為遊戲發生在幻想世界裡，所以必須受遊戲者腦袋中的規則，而不是自然法規所約束。

在現實生活中，除非是真的有匹馬，否則沒辦法騎馬。但在遊戲裡，只要遊戲規則允許或有規定，我們就能騎馬；在現實生活中掃把只是掃把，但在遊戲裡掃把可以當馬；在現實生活裡，西洋棋子是用一小塊木頭雕刻而成的玩意兒，但在西洋棋裡，棋子是具有明確能力和移動限制的主教或騎士，光憑那塊雕工精美的木頭，你才看不出有這些含義呢。

虛構為遊戲規則立下規定，在玩遊戲的當下，真實世界是次要的。透過遊戲，兒童學會如何管理世界，不僅是被動回應。在遊戲中，兒童的精神概念掌管大局，兒童捏塑真實世界裡的可用元素以滿足概念。

所有類型的遊戲都有「上場期間」和「暫停」，然而在某些形態的遊戲中，要比其他遊戲來得明顯。「上場期間」是一段虛構的時間。「暫停」則是暫時回到現實——說不定是有人要綁鞋帶還是上廁所之類的，也或者是要糾正不守規則的玩伴。上場期間，除了莎士比亞的哈姆雷特能在舞台上聲稱他只是假裝謀殺他的繼父以外，我們都不能再把「我只是假裝在玩而已」這種話說出口。

有時，成人會因兒童的遊戲認真的程度感到困惑，就是小孩邊玩邊說「我不要玩了啦」的舉動。成人杞人憂天地擔心兒童分不清楚現實和幻象。我家小孩四歲時，有陣子他一直說自己是超人，有時還會碎念超過一天。他會否認只是在假裝當超人，這種狀況讓幼兒園老師很擔心。但小孩從來沒有試著從真正的高樓跳下來，也沒有跑去擋火車，當他把披風脫下宣布暫停時，他會承認是在玩遊戲，當我跟老師這麼說時，老師只是稍微少擔心了些。要承認遊戲只是遊戲，必須要脫去魔咒；這種魔咒會自動把遊戲的「上場時間」轉為「暫停」。

人類天性的驚人真相是，即使兩歲大的小孩也知道真實和假裝之間的差別，這是人類的天性。兩歲大的小孩會把裝了想像之水的杯子打翻在洋娃娃身上，然後說：「喔噢，娃娃濕答答了」，但小孩知道娃娃並不是真的弄濕了。我們不可能教這麼小的小朋友像「假裝」這種難以捉摸的概念，然而他們卻是懂的。很明顯地，虛構的思考模式以及將這種模式和實際模式做區隔的能力，是人類理智的固有天性。對於遊戲而言，這份固有能耐是天賦能力。

成人遊戲中的幻想元素，通常不如兒童遊戲中的那麼明顯或完善，這也是為什麼成人的遊戲通常不會百分之百地多樣性。但成人所為往往不是以「上場期間」的直覺為判斷，但幻想其實仍在成人生活中扮演要角。

建築師設計房子是真的設計出一間房子。然而建築師在將房子虛擬化的過程中會產生大量的想像，想像住戶會如何使用房子，搭配存在於腦中的建築概念去進行設計。可以說，在房子蓋成前，建築師是在其腦中和紙上建構一棟假裝的房子。

一名利用想像超越事實本身的科學家，定出假設來說明已知事實。愛因斯坦把他在數學和理論醫學上的創意成就，稱為「組合遊戲」。他毫不避諱地宣稱「相對論」來自想像自己在追逐一道光束並抓住它，並想像其後果。通常在長大成人後還能保有小孩般想像力者，似乎都是天才。

我們所有人都有根據想像力，去想像未曾實際體驗過的情況，進而加以摘要、假設思考的能力，並根據想像出的情況進行邏輯推論。這是每個常玩遊戲的普通孩子都有的技能。

當我說寫本章約有八十%的程度是在玩時，包含的不僅是寫書的自由感、對過程的享受，以及遵循自己接受規則（關於寫作）的事實，當中還有大量想像力。我沒有編造事實，但我創造出把這些東西全部串起來的方法。此外，我不斷想像這些東西該如何置入我正試著建立的完整結構中——一個還沒具體化為現實的結構。

所以，在寫書之路上推動我的是幻想，就像它推動小孩子蓋沙堡，或假裝是超人一樣。

總之，遊戲是促進想像力的一種心境。遊戲的心情下，伊森實驗裡的大學生可以把圖釘盒，想像成可放蠟燭的燭台；在遊戲的心情下，迪亞斯和哈里斯實驗裡的四歲小兒能想像並思考，一個所有貓咪都汪汪叫的世界；在遊戲心情而沒有外來刺激干擾的情況下，艾默伯的實驗能想像出關於作畫、拼貼畫、寫詩或寫故事的創意方法；在遊戲的心情下，愛因斯坦想像出運動與時間的相對論。

我們不讓兒童在學校遊戲玩耍，卻期待他們能假設性思考並具有創造力，這多罪不可赦！

‧在積極主動又沒有壓力的心情下進行

遊戲的最後一項特質，為自然而然跟著其他人玩。因為遊戲需要某人有意識的控制自身行為，以及注意過程和規則，這需要有主動警醒的頭腦。

遊戲者不僅只是被動吸收來自環境的資訊、悠閒地回應刺激，或根據習慣而自動產生行為；他們必須主動思考自己正在做什麼。因為遊戲不是對外界要求或立即性生理需求的回應，遊戲中人較少受到壓力的強烈驅策和情緒所影響。由於遊戲者的注意力著重於過程比結果多，也因為遊戲的範圍脫離了後果嚴重的嚴肅世界，所以遊戲者的思緒不會因害怕失敗而受擾。遊戲中的心境是警醒但沒有壓力的。

遊戲的心理狀態被某些研究人員稱為「心流（flow）」。注意力被貫通到活動本身，所以自我意識和時間減少了。思緒受到想法、規則和遊戲動作所包裹，且相對地不受外來侵擾所滲透。許多不認為自己是在研究遊戲的研究人員，把這種心境描述成是學習和創造力的理想狀態。在我的想法裡，他們是在研究遊戲。

幾年前，以我在本章開頭所說明的研究為基礎，心理學家芭芭拉・弗雷德里克森（Barbara Fredrickson）發展出她稱之為「正面情緒的開展與建構理論」的學說。

根據其理論，正面情緒會開展我們的感覺和思想範疇，看到以往看不到的境界，用新方法把想法集中，用新行為方法進行實驗，並用這些方法來建構我們的知識、想法和技能內容。

相對地，負面情緒會將我們的感覺和思想窄化成幾乎完全專注在最顯著的苦惱來源上，像是嚇死人的老虎、憎惡的敵人、評估者或失敗的負面結果。這種苦惱同樣會啟動我們的自律覺醒系統，激發在需要燃燒體能和目標狹隘之任務上的表現，但會干擾創造力、學習力和表達反映力。

從評估的觀點來看，負面情緒——尤其是恐懼和憤怒——會在需要處理危急狀況時出現，而危急狀況並不適用新思考和新行為方法處理。

弗雷德里克森的理論妥帖擷取了本章中所說過的許多要點。我稱之為「遊戲的開展與建構理論」。或者，更完整一點好了，也許稱為「遊戲和好奇心的開展與建構理論」吧。在弗雷德里克森的多數但非所有案例中，能夠開展並建構的積極心境都是產生遊戲和探勘研究的狀態。

遊戲的力量存在於無關緊要中

人們常認為遊戲是無聊或無關緊要的，沒錯，的確是這樣。就像我解釋過的，遊戲是一個為其自身所進行的活動，而不是為了達成什麼嚴肅的真實世界目標，例如獲得食物、金錢、讚美、逃離獅子，或是在履歷表增添一筆豐功偉業。

遊戲是一種部分發生在幻想世界裡的活動，所以的確是無關緊要！但現在要告訴你遊戲的最美妙矛盾之處：遊戲的力量就存在於遊戲的無關緊要中。

遊戲具有嚴肅的教育目的，但遊戲者並未故意對自身進行教育。遊戲者是為了好玩而玩遊戲；教育算是副產品。如果遊戲者是為了嚴肅的目的而玩遊戲，那遊戲就不再是遊戲，也會失去許多教育力。

遊戲中的孩子不會擔心未來，因為遊戲中的孩子不會因失敗，而承受真實的後果，所以遊戲中的孩子不怕失敗。在假裝的世界中，可以出現在現實裡可能太過冒險，或不可能嘗試的東西，玩遊戲的孩子因而感到安心自由。因為遊戲中的孩子不是在尋求成人裁判的許可，不會受到評估問題所阻。

對評估的恐懼和憂心，有把思緒和身體凍結在框架中的傾向，適合執行精通的慣性活動，但不適合任何新事物的學習或思考。在不用擔心失敗和他人評斷的狀況下，遊戲中的兒童可全心投入正在玩的技巧。他們會努力表現良好，因為表現良好是遊戲的直覺性目標，但他們知道就算失敗了也不用擔心，不會真的有什麼嚴重的後果。

遊戲是無關緊要的，但並不簡單。遊戲的許多樂趣都在挑戰中。太容易的遊戲活動會失去其吸引力，讓人停止想玩的念頭。遊戲者接著會修改活動，讓程度變難或朝不同的方向走。

掌握到雙腿走路技巧的學步兒，會往更高級的移動遊戲邁進，例如奔跑、跳躍和攀爬。動物幼崽同樣藉由遊戲來挑戰自己，漸漸發展出更困難的技巧。在一項研究中，已經能在平地上好好跑的野山羊幼崽，會把奔跑遊戲專注在更難跑的陡峭斜坡上。同樣地，在樹枝間玩耍般盪來盪去的猴子幼崽，會選擇夠遠的樹枝來延續牠們的技巧，但會是低到就算失敗摔下來，也不會受重傷的高度。打電視遊樂器的青少年會晉級去打更難的關卡，永遠玩同樣程度的遊戲會沒有刺激性。愛因斯坦的組合式遊戲不斷挑戰其精神能力，將能力推向新的高度。當兒童能自由遊戲時，自然會往對心理或生理能力而言更高的等級玩耍。

遊戲如此適用於教育功能的另一面在於重複性。遊戲的大部分形式都和重複有關。貓會追蹤老鼠再把老鼠放掉，以便等等再抓一次；嬰兒會咿咿呀呀的一直重複相同的音節，或相同的音節組合，有時還會稍微改變順序，就像是故意在練習發音一樣；在走路中遊戲的學步兒，可能會一直往前又往後走來走去，一直重複相同的路徑；在閱讀中遊戲的幼童，會一次又一次地重複讀同樣的（已經記住的）小書。

各種類型的建構式遊戲，例如：紅綠燈、棒球或機智問答，都和一再重複相同的動作或程序有關。著重於方法甚於結果是遊戲的一項關鍵特性，而重複性是的必然結果。遊戲者會為了把事情做對而重複進行同樣的動作。

重複並非不好。因為重複來自遊戲者本身的意願，每個重複動作皆為創造性行動。若每個行動只是看起來跟先前的那一個很像，那是因為遊戲者為了確實的重複性而特意下的苦功。

然而最常見的情況是，每個「重複動作」都會以某種系統性的方法而和先前的有所不同；遊戲者故意用某種方式來變化動作，用新方法來做同樣的事情以貼近遊戲或實驗。新開發技巧的完美化和統一化是這種重複性的副作用。有時遊戲中的重複，會讓家長和其他觀察者認為沒學到什麼新東西，但如果真的有這種情況，小孩會停下然後去做其他事情。

歸結想法：想像你具有全能的力量，要如何讓幼兒和其他幼獸練習，必須發展以求生存、並在生活環境中興旺繁盛的技巧。你會如何解決這個問題？

要想像出更有效的解決辦法，好在他們的腦袋裡建立起令其想練習這些技巧、並用愉快的經驗來獎勵這種練習的機制，是很困難的。的確，那是天擇所建立出來的機制，而我們把這種組合式行為叫做遊戲。如果稱之為「生活技巧的自我激發練習」，或許遊戲會比較受人尊重，但卻會毀掉遊戲的輕鬆之處，因此降低其效益。因此，我們陷入矛盾之中。我們必須接受遊戲的無關緊要性以實現其深度。

大約在三百年前，英國詩人湯瑪斯．格雷（Thomas Gray）寫道：「難得糊塗」。而我則要將他的名言改為：「難得知識與技巧」。

Chapter 8

遊戲在社會和情感發展中所扮演的角色

從非正式體育活動中上的課

在沒有成人的情況下和其他孩子玩耍，是兒童學習如何自主決定、控制情緒和衝動、理解他人觀點、與他人溝通，及交朋友的方法。簡而言之，遊戲讓兒童學習如何控制生活的點點滴滴。

舊式的沙地棒球賽，空地上有各種年紀的孩子，希望能找到玩耍的友伴。有些孩子走路來，有些則騎著腳踏車；有的獨自前來，有的則和朋友一起；有人帶著球棒，有的帶手套和球。人數夠了，孩子們便可以開始比賽，由最厲害的球員當領隊，其餘孩子各自選邊分隊。用帽子、飛盤或其他合適的東西充當壘包，人數不夠，也能勉強湊合著玩。沒有大人在場告訴他們怎麼做或解決爭端，孩子們必須自立。這種打棒球的方式實際上就是「遊戲」，由遊戲者自行選擇、指揮，為了自身所從事的活動。

現在想像一個小型的棒球聯賽，通常會舉行在修剪後的草坪，看來就像是縮小版的比賽場地。多數孩子是家長開車送來的，部分原因可能是離家較遠，也可能家長就是活動背後的舉辦人。很多家長會留下來看比賽，展現對孩子的支持。每隊都有成人教練，還有成人裁判來決定好球、壞球和出局。賽後會保留正式分數，再追蹤整季的輸贏記錄來決定冠軍。有些球員是真的很想打球；有的則是因家長勸說或被逼迫參與球賽。

打棒球或進行其他遊戲，透過「非正式、自我導向型」的方式，可以傳授五項重要的課程。這是那些「正式、大人主導型」的遊戲沒有的課程，珍貴之處在於任何人都能在生活中習得。

・第一課：為了讓比賽繼續進行，必須讓每個人開心

所有真正的遊戲中，最基本的自由就是不玩的自由，因此在非正規比賽中，沒人會被強迫必須參與。只要有足夠的遊戲者，球賽就能繼續，每個人都必須承擔讓其他遊戲者開心的責任，包括其他隊伍的遊戲者。

這代表在非正規的比賽中，遊戲者必須展現出某種超越既定規則制約的約束力，並瞭解每個球員的需求。倘若二壘手比你小而且可能會受傷，你不會竭盡全力搶攻二壘，即使在聯賽中搶攻會被視為是個很好的戰略。這種態度正是兒童在非正式的比賽中所受的傷，比正式運動比賽要少的關鍵。

如果你是投手，丟球給年紀小的小明時你會輕輕丟，因為你明白小明打不到球。你也知道如果對一個這麼小的對手投最快速的球，你會因此受到責難。但當年紀大、有經驗的阿強上場時，你則會力求最佳表現。

社交遊戲的鐵律不是「己所不欲，勿施於人」，而是「己所欲，施於人」。遊戲的平等並非千篇一律的平等，是來自於滿足每個遊戲者的願望，並給予同樣效力的事物。

想成為非正規賽事中的好遊戲者，不能盲目遵守規則。你得從其他觀點來看事情，瞭解其他人想要什麼。在非正規賽事中，讓玩伴保持愉快遠比獲勝來得重要，而在人生中也是如此。對某些孩子而言，這點很難學會，但想和其他人一起玩的欲望是如此強烈，所以假設被允許加入遊戲的機會夠多，有許多失敗的機會及再次嘗試的機會，多數小孩終究能學會這點。

・第二課：規則可以修改，且是遊戲者訂下的

在非正規賽事中沒有什麼東西是標準化的，遊戲者必須訂立並修改規則，以因應多變的狀況。

如果空地很小，可用的球是彈力太好的皮球，球員可決定任何打出邊界的球就變成界外，這讓遊戲者必須專注在打擊上而非用力擊出。不然得叫最強壯的球員用單手打擊就好，或者用掃把而非用球棒打球。

隨著球賽繼續而狀況改變，規則可進一步跟著進化。這在聯賽中不可能發生，正式規則不能被破壞，規則是由成人權力者進行解讀。在正式賽事中，條件必須適應規則。

著名的發展心理學家皮亞傑，在一項兒童玩彈珠的經典研究中提到，當孩子在自行指揮的

狀況下玩彈珠時，對規則的理解會比在大人指揮下要好。大人的指揮會導致孩子們假設規則是由外來的權力所裁定，所以不用存疑。然而，當孩子們彼此之間玩耍時，他們會理解到規則只是慣例，讓遊戲更有趣公平，為了滿足變化多端的狀況，規則是可以改變的。就在民主制度下的生活而言，有些課程更為珍貴。

・第三課：以爭執、協商和妥協解決衝突

在非正式球賽中，遊戲者不是只訂立並修改規則，也扮演裁判角色。他們決定被打出的一球公不公平，跑者安全上壘或被封殺，投手對小明是不是太過分了，還有阿強應不應該和隊上沒有手套的某人共用他的新手套。

在這些爭執中，某些受歡迎的遊戲者可能比其他人發言有力，但每個人都有權發聲。有意見的人都盡量以其能駕馭的邏輯來提出辯論，最終都能取得一致意見。

一致意見不用代表完全同意。僅代表著每個人都同意而已；他們為了讓球賽進行而願意合作。如果你想讓球賽繼續，一致同意就很重要。在非正式賽事裡，一致同意並非來自誇張的道德哲學。如果做出的決定讓某些人不開心，可能就會有人不想玩，而如果太多人不玩，球賽就無法成立。

遊戲者在非正式球賽裡學到的是，如果想繼續玩下去就必須妥協。如果沒有握有至尊權力的領袖替大家決定，就得學著怎麼管理自己。

有一次，我看著一群孩子在打非正規的籃球賽。花在決定規則並爭論特殊玩法是否公平的時間，比打球還要多。

我聽到旁邊的大人說：「太糟糕了！他們沒有裁判可以決定勝負，不然就不用花這麼多時間吵來吵去了。」

在孩子們的人生過程中，投籃神準、有效地思考辯論、學習如何妥協，哪樣是比較重要的技巧？玩非正式運動賽事的孩子，會同時練習很多東西，其中最不重要的可能是運動本身。

‧第四課：敵我之間並沒有真正的差別

在非正式比賽中，遊戲者一開始就知道他們是隨便分成兩隊，目的只是為了進行比賽。每次都會選出新的隊伍。昨天大雄是「敵人」，但今天他變成了「隊友」，隊伍成員甚至可能在比賽進行時就有所更動。剛開始大雄可能在敵隊，但當你的兩個隊員因故回家時，為了人數平均，大雄便可以換來你這隊，如果兩隊都缺球員，大雄也能兩邊跑。在非正規運動比賽中，「敵人」或「對手」的概念僅存在於遊戲領域中，敵對只是暫時性且限於遊戲本身。

相反地，在正規的聯賽運動中，隊伍會在一連串的賽事期間相對維持固定狀況，就某種程度而言，分數具有真實後果的嚴重性——例如獎盃或大人的讚美。結果是團隊感本身的持久發展，即使和比賽無關，這種「我們這隊比其他隊強」的感覺，也可能延伸到非比賽的狀況。

社會心理學和政治學的一大研究主題，就與內在團體及外在團體的衝突有關。以我們珍惜自己的同類、貶低其他非我族類的傾向來說，黨派、幫派、種族沙文主義、愛國主義、戰爭都可以拿來討論。正規的團隊運動以非正規運動所不會用的方式，滿足我們分黨結派的衝動。正規賽事的教練會教導隊員需有運動家精神，但我們明白對兒童或大人而言，這類說教會有什麼效果。

・第五課：玩得愉快、玩得開心，比勝利更為重要

「玩得愉快、玩得開心，比勝利來得重要」是小型聯賽教練在輸球後常會說的，但很少會在贏了之後聽到這話。有這麼多觀賽者，獎盃就放在前方，還有這麼多人關心分數，你覺得有多少球員會相信那句話？有多少人會私下思考美式足球名教練文斯・隆巴迪（Vince Lombardi）會不會認同那句話？

隨著年紀增長、升學然後進入大學，「勝利是唯一」的觀點變得更為重要，尤其是橄欖球和籃球這些美式學校最在乎的運動。隨著球員從兒童聯賽進入高中、大學甚至以此為職業，

能組隊的人數就更少了。剩下的人成為觀賽者，除非學著打非正規的比賽，不然就是在看台或沙發上旁觀。

在非正規運動比賽中，玩得愉快開心比輸贏來得重要，你用不著以說教試著說服別人，而且不管技巧如何，都能下場一起玩。非正規比賽的重點在於玩得開心，並延伸技巧，有時則會用正規比賽中不允許，或會被嘲笑的新穎創意方式來做。

舉例而言，你可能會試著用窄棍來揮棒以彌補視力，可能把很簡單就能打到外場的姿勢，改成把棒子高舉過肩而很難打到球的狀況，讓大家覺得比賽更有趣。在正規比賽中，輸贏很重要，絕對不能做出這種事。當然，就算是非正規的比賽，也得注意何時何地可以做出這些創意之舉，並清楚明白如何在不冒犯他人的情況下出現這些行為。在非正規比賽中，你永遠得先謹慎地與自我的內在社會再三討論。

我身為球員和觀賽者的雙重經驗裡，比起勝利，非正規運動比賽的球員更注重球要打得漂亮。漂亮是指用新穎、創新的動作方式表現自我，在協調自身動作以配合他人的同時，拓展體能。在非正規比賽中，最棒的地方就在於展現創新的群舞，球員可以在大家同意的規則範圍內自創動作。而正式的球賽可沒讓你發揮創意這回事。

現實生活中非正規比賽或正規比賽哪種是比較好的訓練法則？對我來說，答案顯而易見。

現實生活是一場非正規比賽，規則永遠在修改，你必須自己盡力去建立規則。人生到最後並沒有贏家或輸家，和其他人相處融洽遠比打敗他們要來得重要。如何打這場比賽，一路上獲得多少樂趣，帶給其他人多少樂趣，才是人生裡的重要東西。這些都是非正規社會遊戲的課題，遠遠比學習如何投出曲球或盜上二壘等教練法則來得重要。

在一篇有關瑟谷學校的非正規運動比賽的論文中，校友麥可·格林伯（Michael Greenberg）更為詩意的提出相同想法。這裡摘錄部分著作：

這些年在瑟谷學校參加橄欖球、足球和籃球這些體能強勢球賽時，除了小擦傷或瘀青外，從沒受過什麼重傷。大家都穿普通衣服來打球，也沒有規定得穿戴任何標準護具。

但該如何解釋穿著護具的人，卻搞到彼此受傷還被警告。因為在嚴格受控、追求表現的運動賽事（或生活）裡，確保不傷到別人，比不上求勝重要。有多重視「運動家精神」或穿了多少護具都無所謂，大家還是會受傷。當你把運動賽（或生活）看成是一種樂趣、刺激的過程，某種純粹為了樂趣而做的事時，不損害到別人享受相同過程的能力就會成為首選要項。

在活動中，各種體型的碰撞，透過團隊合作以及追求個人成長與責任，被轉型為相等靈魂的結合，追尋共同意義的經驗，已然成為人生中最深刻的經驗之一，我很確定這對其他人也有著類似作用。

從社會戲劇遊戲中所學到的事

除了非正規運動賽事，兒童會在所有類型的自由社會性遊戲中學到寶貴的課程。舉例而言，以被稱為「社會戲劇遊戲」的想像遊戲為例，兒童在遊戲中扮演角色，並一起演出故事，這種遊戲在三到六歲的孩子之間非常流行。

研究員漢德．佛斯（Hand Furth）與卡恩（S. R. Kane）用攝影機拍下安妮（五歲十一個月大）和貝絲（五歲兩個月大）於幼兒園下課後，在衣物間玩想像遊戲的樣子。

安妮用說的開場：「假裝明天晚上有舞會，我們得把東西先準備好。」

貝絲用挑選衣服和說話回應，「這件是我的禮服」，藉此展現出她含蓄接受了遊戲計畫，以及想拿到最想要的道具的急迫。

在接下來的二十分鐘裡，女孩挑選她們的衣物配件，並討論舞會裡會發生什麼。大多數的時間都花在爭論誰要演哪個角色和誰要用哪個道具。她們會爭搶漂亮的衣服、電話、桌子、望遠鏡，以及舞會前她們各自睡在哪兒。在每次爭執中，女孩們都會給出為什麼「需要」或「應該擁有」哪個道具或角色的理由，且是以不冒犯另一位遊戲者的方式提出。

當安妮和貝絲對這些問題取得令人滿意的一致意見時，另一個小女孩莉亞（四歲九個月大）從外頭走進衣物間並要求加入遊戲。女孩們讓她加入，接著開始對道具和角色展開新一回合的討價還價，好把莉亞算進來一起玩。每個女孩對自己要穿什麼都有強烈的感受，而這確實是會發生在舞會上的事，還有誰年紀較大及在遊戲中擁有較高的地位。為了讓遊戲進行下去，她們得對每個重要議題取得共識。

舉例而言，安妮和貝絲都覺得年紀最小的莉亞應該當「小妹」，但莉亞斷然拒絕。為了安撫她，安妮和貝絲同意莉亞可以當「大姐」。為了保有自己的相對地位，安妮和貝絲把自己晉升為媽媽級。

當中還發生了關於莉亞是否能有兩個媽媽的討論，因為「現實裡，一個人只能有一個媽媽」，而她們藉由決定其中一個是繼母的方式解決這個問題。三個女孩都想取名叫蘿莉，她們決定這一點沒有問題。

三個女孩都想嫁給王子成為王妃。貝絲和安妮承認現實生活中王子只能娶她們其中一人，但決定「反正只是假裝的」，所以王子可以兩個都娶。不過對她們倆來說就算是在玩遊戲，王子也娶莉亞的想法就難以妥協，所以她們拒絕莉亞說王子也要娶她的要求。然而為了寬慰她，給莉亞的角色便加封成「長公主」。

這三個女孩已經是技巧嫻熟的社會遊戲者，透過這類遊戲插曲說明的練習，明顯變得更有技巧。自我主張、協商和妥協是這類遊戲中的最大課題。每個女孩都得儘可能巧妙地提出需求，以得到想要的東西，卻不激怒其他遊戲者。她們在說話的方式中，展現出明白取得共識的必要。例如她們對該怎麼玩的提議，通常是以建議而非以要求方式提出。大多數的提議都以問句做結，像「好不好？」「可以嗎？」或是「好嗎？」。

在協商過程中，女孩常常舉出在幼兒園中因慣例而成為通則的規則，像先找到或拿到道具的人，通常可以使用這個道具。然而，有一項等級更高、甚至能贏過「誰找到就是誰的」這項通則的規則——就是「公平」。如果一個小孩擁有全部或大部分人都想要的道具，這樣是不對的；道具必須用合理的方法分配。各種遊戲賽事的遊戲者無一不力主公平，儘管他們對公平的理想狀態性質和如何達到公平有所異議。

另一項常被引用（小孩當然不會這樣說）的規則是一致性規則，遊戲的內在本質必須一致。舉例而言，急著想去舞會的安妮宣布舞會開始時，貝絲提醒她說已經決定舞會要明天才會開始，得假裝睡上一晚，舞會才會展開。安妮瞭解並馬上讓步。

某種程度而言，遊戲必須和女孩對現實世界事物的瞭解一致。有時她們能竄改規則，像是決定安妮和貝絲兩個人可以同時嫁王子時，但這種竄改需要經過討論、同意，以及承認這件事與現實世界的規則是不同的。在玩扮演遊戲時，女孩證實並鞏固了對現實世界中約定俗成和規則的瞭解。

根據佛斯和卡恩的分析，社會戲劇遊戲是幼兒發展並練習如何適應社會的一種手段。以研究人員的話來說，就是兒童透過遊戲來「建立社會」。

三個小女孩在玩她們想玩的遊戲——也就是和其他女孩一起玩複雜的想像遊戲。所以無法完全做自己想要的事情，必須妥協並同意其他人的想法，控制自己的衝動，以配合大家同意的角色和情節發展。這是兒童社會遊戲的魔法，藉由做自己想做的事，也就是和其他小孩一起玩，兒童學到妥協和不完全做自己想做的事。

莉亞想當王妃，但她答應當「長公主」。三個女孩都想要最漂亮的禮服，但必須以看起來夠公平的方式來分配道具。安妮很想要舞會立即開始——急著讓王子快點跟她求婚，但她必須控制這份衝動，保持與其他人同意的劇情一致性。這份自我控制和妥協全都發生在沒有成人介入的情況。事實上，成人介入只會毀了一切。在與其他人協商、完全無成人介入的狀態下，兒童明顯享受著運用自身權力、聰明才智和自制能力的樂趣。

舉這個例子，是因為這是容易取得的個案記錄，但觀察任何一群對這種遊戲有豐富經驗的小孩玩耍，就會看到驚人的社會理性在發揮作用。但得遠距離、不被發現地進行觀察。如果觀察的是男孩，會看到他們在協商過程中並不像安妮、貝絲和莉亞那麼圓滑老練，但男孩也會為了遊戲本身，找出方法滿足他人的需求。

我們無法長期實驗觀察有更多機會可以玩這種遊戲的兒童，是否比沒有機會這樣玩的孩子能發展出更好的社會技巧，但相關研究與短期實驗及常識都強烈支持這個假設。多種衡量方法已證實常玩社會戲劇遊戲的兒童，比不常玩的孩子，更能將心比心地瞭解他人想法、體驗或需求。

此外，幾項在幼兒園所進行的短期實驗顯示，當提供額外參加社會戲劇遊戲的機會給部分孩子，之後在社會性觀點的多項測量和與他人相處的能力上，有參加者的表現比較好。

大屠殺中的兒童遊戲

現在我們從小女孩在遊戲間更衣區的場景，轉到恐怖的景象——納粹集中營裡的孩子。如果說遊戲是奢侈的，那麼集中營的孩子就不會玩。但遊戲並非奢侈品，遊戲是兒童盡其所能瞭解環境並適應的手段，無論何種情況。在值得注意的《大屠殺中的兒童與遊戲》（*Children and Play in the Holocaust*）一書中，歷史學家艾森（George Eisen）用倖存者的日記和訪談作為證據，說明納粹少數民族區和集中營裡猶太兒童之間所玩的遊戲。

在少數民族區，也就是囚犯被送去勞改或處死營前的第一階段，家長拚命試著要讓孩子的注意力從周遭的恐怖移開，保留孩子之前熟悉的天真遊戲假象。他們建造權宜代用的遊樂場，試著引導孩子玩傳統遊戲。大人們以精神上逃離恐怖處境為目標來玩遊戲，彷彿樂在其中。舉例來說，有人買了一片麵包皮當西洋棋盤，因為下棋可以讓他忘記飢餓。

但兒童不一樣，他們玩面對恐懼的遊戲，而非逃避。他們玩戰爭遊戲，有「炸碉堡」、「大屠殺」、「剝下死人的衣服」和忍耐遊戲。在維爾納（Vilna），猶太兒童玩「猶太人與蓋世太保」的遊戲，在遊戲中，猶太人用他們自己的來福槍（棍子）擊敗並痛打這些惡棍。

即使在處死營中，健康到足以四處活動的兒童還是在玩遊戲。在某個營裡，他們玩「給屍體搔癢」的遊戲；在奧斯威辛集中營中，玩的是挑戰他人去摸電網；玩「毒氣室」遊戲時，會扔石頭進窪坑並厲叫出瀕死者的聲音。其中一個他們自己想出來的遊戲，是每天在營裡點名之後成形的，叫作千王之王（klepsi-klepsi），也就是偷盜的俗語。把一個玩伴的眼睛蒙住，其中一人會走向前，在他臉上用力揍一拳，接著把蒙眼布拿掉，被揍的孩子得從大家的臉部表情或其他證據來猜是誰打他。想在奧斯威辛活下去，就得當唬人專家——例如唬弄他人有關偷麵包，或知道某人的逃脫或反抗計畫，千王之王可能就是這種技巧的練習。

在遊戲中，無論是我們最喜歡想像的田園遊戲，或艾森所描述的那種遊戲，兒童都會把現實帶入虛幻的背景，那是可以安撫他們，令其有所閱歷並練習處理問題的世界。有些人怕暴力遊戲會造就暴力的成人，但現實生活中恰恰相反，正是成人世界中的暴力，才會引導孩子在暴力中玩遊戲，還有什麼能讓兒童在情緒、心智和生理上針對現實做好準備的呢？

認為可以藉由控制兒童的遊戲和其所學的東西，進而重塑未來世界的這種想法是不對的。如果想要重塑世界，必須重塑「現在」這個世界，以後孩子們自然會循例而行，他們必須針對適應存活在真實世界中做好準備。

我們也在其他較唾手可得的狀況下，觀察到兒童運用遊戲適應創傷的情況。舉例而言，一群孩子從保健室窗外，看到有人不幸從六公尺的高處摔落地面並重傷，他們因這個經驗而苦惱不安。幾個月過後，孩子玩自創遊戲時，主題出現了跌落、受傷、醫院和死亡。同樣地，我們觀察到本身或家長經歷過恐怖攻擊的兒童，會玩配合著某種安撫的事件再現遊戲，安撫在他們的遊戲中可能是補救、修補損傷、保護以及照顧老弱婦孺，或是正義終究戰勝邪惡。

從未經歷過任何特殊創傷的兒童，也常在情緒激動、帶創傷意味的情況裡玩遊戲。因為可以鍛鍊自己應付各種無法預測、但難以避免的悲傷事件。

研究人員維格納斯柏林（Gisela Wegener-SpÖhring）以德國幼兒園的兒童為例，舉了一個「鞭打遊戲」的場景。

有一個受歡迎的男孩被綁在椅子上，被玩伴用皮條鞭打。為了安慰他被鞭打的痛，兩個女孩給他積木當作香蕉來吃。打他的男孩們偶爾會停下來，給他假裝的水喝。對所有的參與者而言，這遊戲顯然極為好玩，有著面對和安撫痛苦的重要人生課題。根據維氏的意見，遊戲唯一真正暴力之處，發生在幼兒園老師過來制止的那一刻，因為老師覺得遊戲太具攻擊性了。

維氏主張，在沒有良好理由的情況下，干擾得體的遊戲永遠是一種暴力，並容易產生暴力反應。當鞭打遊戲被強行制止時，孩子的情緒轉壞，他們撞倒椅子並以其他方式來搗蛋，明顯就是造反的行為。

「危險」遊戲的價值

研究動物間遊戲的人員提出，遊戲的主要目的是，幫助幼崽學習如何處理突發狀況。所有哺乳動物幼崽都會故意且反覆地在遊戲中，將自己置入尷尬、適度危險且驚恐的情況中。隨著嬉鬧飛奔、跳躍和彼此追逐，不斷在失去和重獲身體動作控制權間輪替。

舉例而言，當山羊幼崽跳躍時，會扭曲轉動，用困難的方式來著陸。小猴子、小猩猩在樹木間盪著玩耍時，會選擇離得夠遠，且離地夠高的樹枝去抓，營造出某種程度的恐懼，但不會高到摔下來時會受重傷。年輕的黑猩猩尤其喜愛從高處樹枝直接墜下，在撞地前的剎那，再抓住低處樹枝的遊戲。

幾乎所有哺乳動物幼崽都會玩追逐遊戲。牠們追著別人跑，追到後再調換角色。對多數物種而言，明顯偏好追逐遊戲中被追者的角色。舉例而言，就一對小猴子、小羊或松鼠來說，會從最小的那隻開始，嬉鬧攻擊另一隻然後跑掉，一邊還要回頭看，確定被激怒者有追上來。

猴子遊戲的觀察者注意到，被追逐的動物通常比追逐者更享受遊戲。顯然，追逐的獎賞是獲得輪到被追的機會，當追逐者抓到被追者時，角色隨即互換，之前的追逐者會快樂地成為被追者。

除了追逐遊戲外，哺乳動物幼崽——尤其是公幼崽——特別愛玩打架遊戲。依循物種的不同，牠們會用角互撞、試著把對方咬起然後摔到地上、試圖釘住對方，或嘗試在對方身上特定部位拍一下。跟真的打架不同，在打架遊戲中，體型更大、更有技巧的動物會故意相讓，以避免制霸玩伴。關於幼鼠玩打架遊戲的詳細研究，提出至少這種物種中的每隻鼠都偏好處於從屬地位，這個地位提供最強烈的體能與心理挑戰。老鼠會局限自我能力，好讓玩伴進入攻擊模式，先讓對方居上位，再來個絕地大反攻。一段時間後再換過來輪流對方的角色，所以每隻鼠都能練習到怎麼從弱勢地位反撲。

即使是隨意的觀察，也證明人類兒童跟其他動物幼崽一樣，會故意讓自己在遊戲中處於引發恐懼的弱勢，例如：爬上大樹、從高塔或懸崖跳下、在岩石之間跳來跳去以躍過斷澗、不遵守遊樂設施的使用規則，用滑板從欄杆上溜下來。在兒童的打鬥遊戲中，幼兒和其他哺乳動物幼崽一樣，會輪流成為弱小方，並試圖擺脫弱勢地位。較強壯的夥伴會局限自己能力，讓較弱的夥伴脫離被壓制的狀況，並讓其取得攻擊地位，所以雙方都能體驗到成為弱小方，以及脫離這種狀況的刺激感。在整個過程中，幼兒跟其他哺乳動物的幼崽非常類似，明顯喜愛相同的重要課程。

想想追逐遊戲的共通樂趣，三歲大的小女孩在逃離爸爸或哥哥所扮演、威脅要抓她或拿她當早餐吃的可怕怪獸時，會隨著狂喜而發出尖叫聲。在每個能想到的人類追逐遊戲中，大家偏好的都是被追的角色。在惡夢和現實生活中，沒有什麼比掠奪者或怪獸追來得更嚇人。但在遊戲中，沒有比被怪獸追要更好玩的事了。

「抓到」是所有人類追逐遊戲最共通和基本的特點。每個地方的小孩都這樣玩，而目標則是盡量被追久一點，以及縮短追人的時間。被抓到的懲罰代價就是換你當「鬼」，然後就得當追人的鬼直到又抓到某個人，才能再享受被追的樂趣。隨著兒童長大，所玩的遊戲變成漸為複雜版的鬼抓人，加上遊戲額外的規則。

「狐狸和鵝」就是典型的例子，這是我和童年玩伴常穿著溜冰鞋在明尼蘇達州結了冰的路上或池塘玩的遊戲。大家總愛當鵝而不是狐狸。如果你被抓到了你就得當狐狸，直到又抓到某個人後才能再當鵝。捉迷藏和躲避球並不算真的是追逐遊戲，但它們也照著規則走：大家偏好的位置是被追的角色。處罰是被找到或被球打到就得去當追人者。

甚至像足球、美式足球、籃球和曲棍球這類正式的團隊運動，也能當成是複雜版的鬼抓人，樂趣在於奔馳穿越球場，踢著、抱著、運著球，或推著冰盤朝某個目標而去，同時間會有一群「敵人」在你後面追著跑。棒球也是一種鬼抓人遊戲，在打中球後，打擊手會努力繞著特定路線從一個安全點跑到另一個，而敵隊則是試著抓他出局。在這類遊戲中，隊伍會輪流進攻防守，偏好的身分則是進攻，而進攻時則會被追著跑過「敵人」的地盤。

在許多這類體能活動中，兒童是在測試其自身的恐懼及體能。恐懼與樂趣的結合是稱之為興奮刺激的感覺。兒童在這類遊戲中必須能主宰自身的活動，只有他們知道自己要多少分量的恐懼。

在盪鞦韆或爬樹爬繩子的兒童，知道高度要多高才會產生刺激感而非害怕感的恐懼。沒有任何父母、教練或體育老師可以替他們做出判斷。在維氏所描述的「鞭打遊戲」中，如果情況變得太痛，被鞭的男孩會打信號讓鞭打停止。在所有型態的打鬥和追逐遊戲，如果情緒或生理挑戰變得過大，每個孩子都有權力暫停。沒有這份權力，活動就不再是遊戲。

在我們現今的文化中，家長和其他大人過度保護兒童於接觸遊戲中可能遭遇的危險，嚴重低估他們照顧自己和做出正確判斷的能力。在這方面，我們不僅和採集狩獵文化（如第二章所述）不同，也和兒童能自由遊戲的所有傳統文化不同。我們剝奪兒童的自由，低估他們成就自我滿足的預言能力，也奪去他們需要學著如何控制自己行為與情緒的機會。

將心比心的消逝和自戀的興起

如同在第一章中所討論的，從一九五五年起，年輕人的焦慮、憂鬱和無助感持續興起，兒童自由玩耍風氣隨之消退，因此有了自戀漸增而將心比心減少的情況。

自戀指的是自身的誇張觀點，有將自身和他人區分開來，具阻礙有意義的雙向關係形成的傾向。將心比心或多或少和自戀是相反的，是一種與他人有情緒連結的傾向，從他人的觀點來看待事物，並對他人的不幸感同身受。

一九七〇年代末，針對大學生所做的「人際關係反映指標量表」（Interpersonal Reactivity Index）。問卷上的分數，揭露了多年來自戀主義的明顯興起，以及將心比心的嚴重衰退。問卷分數是測量方法與現實世界的行為有關。舉例而言，在自戀方面分數高的人會過分高估自身能力，會對批評怒氣沖沖地做出猛烈回應，具有較高的白領犯罪比例。在同理心方面分數低者，比一般人更可能霸凌他人，較不會自願幫助有需要的人。

就本章裡的內容來看，遊戲的減少為何會使情緒與社會失調的現象升高，應該不是難解的謎題。

遊戲是教導兒童如何解決自身問題、控制衝動、調整情緒、從他人觀點看待事物、協調差異，和他人平等相處的自然方法。沒有東西可以代替遊戲扮演學習這些技巧的角色。對現實人生而言，這些個人責任、自我控制和社交能力的課題，遠比任何學校裡教授的課程都重要。

除了遊戲減少會妨礙情緒性與社會性發展的相關爭論外，我們顯然無法長期進行刻意不讓兒童玩遊戲的實驗，卻可以用動物來進行這類實驗。舉例而言，在某些實驗中，讓恆河猴僅由母親養育長大，和正常長大、除了母親外還能接觸到同儕的恆河猴相比較。猴媽媽用許多方式和其幼崽互動，但並不和幼崽玩遊戲，所以小猴在成長過程中都沒有玩遊戲的機會。

毋須吃驚，實驗結果和在年輕人身上所得到的結果一樣，這些小猴在許多方面都出現異常，牠們表現出過度恐懼和過於好鬥的現象。當把小猴放入新環境中，這些猴子反應驚恐，不像正常猴子一樣過段時間就會適應。

和同儕在一起時，牠們無法對社交訊息與邀請做出適當回應。例如同儕想要替牠們理毛時，會激進猛攻而不是接受友善的提議。其他猴子在場時，同樣無法展現妥適的降低敵意訊號，因此比普通猴子更容易受到攻擊。

類似的實驗也在老鼠身上進行過，在沒有同儕玩伴狀況下養大的老鼠，於多種行為測驗中所展現的恐懼和侵略程度皆異常地高。在一項實驗中，允許有些沒同儕的幼鼠，每天可以和愛玩耍的同儕互動一小時，而其他老鼠則和被注射過安非他命藥物、不愛玩耍的同儕互動一小時。安非他命去除了幼鼠的玩耍欲望，但並未除去社交行為。結果有和同儕一起玩耍經驗的老鼠，長大後要比接觸同數量但不愛玩耍同儕的老鼠正常得多。顯然幼鼠間正常情緒與社會性發展的必要互動，就發生在遊戲中。

在其他實驗裡，被剝奪遊戲機會的幼鼠，腦部發展出現異常狀況。沒有遊戲，前腦額葉的神經迴路會無法正常發展，而這塊區域正是控制衝動與情緒的重要區塊。

讓小猴子，甚至是小老鼠在不能和同儕自由玩耍的條件下成長似乎很殘忍，可一切都是為了科學。但如果這樣算殘忍，那麼對於我們現在為了保護和教育小孩，進而剝奪人類兒童和其他孩子玩耍的「正常」行為，又是什麼呢？的確，殘忍又危險。

那麼電玩遊戲呢？

電玩遊戲是近幾十年間興起的遊戲形式，有些人會為了這種遊戲和電視加在一起，減少戶外玩耍的機會而抱怨，認為電視節目和電玩遊戲太有吸引力，把小孩牢牢綁在螢幕前，不想從事其他活動。我瞭解這種主張，也知道為什麼會發生在某些人身上，但這並不貼近我自己的觀察，或研究人員從系統性調查所獲得的結果。

在瑟谷學校，學生可以用想要的方式遊戲探索，所有學生都能無限制地接觸電腦和電視，幾乎所有學生都喜歡電玩遊戲。但多數人也花大量時間在球場和森林等戶外場地上遊戲與探險。在一般族群中進行的遊戲調查，顯示可自由選擇戶外或電玩遊戲的孩子，假以時日就會在兩者之間取得平衡。看來沉溺於電玩的人，通常是因為無法得到其他令人滿意的遊戲形式，加上還可以看電視，對兒童的自由時間而言，電玩遊戲顯得比到戶外玩耍有競爭力。

總歸來說，根據調查，電玩遊戲者不到戶外玩耍的情況，不比不玩電玩者少，但他們看的電視的確比較少。事實上，近代在荷蘭針對促進兒童到戶外玩耍所進行的大規模研究，結果令人大吃一驚，房間裡有電腦或電視的兒童在戶外玩耍的頻率，比房間裡沒電腦也沒電視的兒童明顯多上許多。

對我而言，兒童戶外玩耍的情況減少，似乎主要是因父母的恐懼升高，以及其他社會變化減少兒童去戶外自由玩耍機會（說明於第十章中）。電玩遊戲的增加似乎來自兩個因素。首先，電玩是真的很好玩，而且越來越有這種趨勢，因為技術和想法的提升讓電玩變得更進步。其次，當現實生活中的成人對兒童的監管和控制越來越多時，虛擬世界以讓許多孩子依舊能感到自由的姿態而興起。父母可能不會允許九歲大的孩子自己步行到街角的商店去，但卻允許他進入自由探索充滿各種危險與綠意的刺激虛擬世界。

在重點族群和調查中，當問到孩子們喜歡電玩哪一點時，他們通常會說是自由、自我引導和能力。在電玩遊戲裡，他們自己做決定，並努力去達成所選的挑戰。在學校和其他由成人所主導的環境裡，孩子像需要一個口令一個動作的笨蛋一樣，但在電玩遊戲中，他們自己掌事，還能解決困難問題，並展現過人技巧。

在電玩遊戲裡，技巧比年紀重要，因此電玩遊戲就像真實遊戲一樣。跟世代的焦慮、憂鬱與無助高升狀況扯不上邊，電玩遊戲顯然是幫助消解那些折磨的一股力量。

近來因為所謂的多玩家線上角色扮演遊戲大量興起，例如魔獸世界，遠比先前的電玩遊戲更為社會化，且提供無盡的創造與問題解決機會，以致這一點似乎特別真實。在這些線上遊戲裡，玩家可以創造具有獨特生理、心理特徵與特質的角色（化身），並以那個角色來進入異常複雜刺激，且同時有無數其他玩家存在的虛擬世界，這些玩家的現實生活可能在地球上的任何一個角落。玩家在虛擬世界裡進行探索，一路上遇見可能變成朋友或敵人的其他玩家。玩家可以從單打獨鬥開始，避開其他人也沒關係，但想要晉級的話，就得交朋友，並在共同任務中加入其他人的行列。

想要在電玩遊戲裡交朋友，基本上跟在現實世界裡交朋友所需的技巧沒兩樣。你不能沒禮貌，得瞭解並遵守身處文化中的規矩，得明白潛在友人的目標，並幫助他達成。其他玩家可能依你的行為表現，把你歸入朋友名單或黑名單，而他們也可能會和其他玩家交換有關你的正面或負面情報。電玩遊戲提供無盡的機會，讓玩家在毋須承受真實世界裡失敗後果的幻想世界，試驗不同的人格和行為方式。

這些電玩遊戲裡的玩家也可能組成稱為公會的特殊利益團體。想加入玩家必須提出申請，就跟履歷表很像，申請表得說明為何自己會成為珍貴的公會成員。一般來說公會的結構近似於現實世界的公司，有領導者、執行董事會甚至是招募人員。

這類電玩遊戲在許多方面都跟幼兒園兒童的幻想社會戲劇遊戲很類似，是在虛擬世界裡玩的，加上利用線上訊息進行溝通，提高了許多複雜度，以配合較大兒童、青少年和玩電玩的成人之興趣與能力。跟所有的社會戲劇遊戲一樣，電玩遊戲玩家仰賴對現實世界的瞭解，行使與現實世界相關的觀念和社交技巧。由ＩＢＭ公司所委託的一項研究得到的結論顯示，玩家們在這些遊戲中所行使的領導技巧，本質上和在現實世界裡經營一家公司所需的技巧沒什麼兩樣。

早期對電玩的許多研究，起因皆為害怕某些遊戲中的暴力內容會增加年輕人於現實世界中的暴力行為。對那些大費周章謹慎調查這問題的人，研究消除了一開始的恐懼感。沒有證據顯示，在螢幕上殺電玩角色，會增加一個人在現實生活中傷害他人的可能性。

事實上，某些研究顯示，電玩遊戲的假裝暴力，反倒幫助年輕人學習控制並調整情緒，也許電玩遊戲在很多地方，跟「危險的」戶外遊戲有異曲同工之妙。舉例而言，有項研究揭露了和很少或幾乎不玩這類遊戲的大學生相比，固定玩暴力電玩的大學生比較少感受到敵意，在經歷過令人挫折的精神任務後，也比較不會憂鬱。我得承認，我是沒法玩或看含有寫實暴力描述的電玩遊戲或電影，因為會讓我覺得很反感。但研究文獻裡沒有任何東西，讓我主張避開這類電玩和電影。我從未禁止孩子接觸這種假裝暴力，而他們也已經長成完全無暴力傾向、道德上正常善良的好國民了。

近來，研究人員已開始注意電玩遊戲的正面效應。有些實驗已證明，玩快步調的動作遊戲，顯著地增加玩家在視覺空間型測驗上的分數，包括基本智商測驗的元素。其他研究則提出依據類型的不同，電玩遊戲也能增加工作記憶力（同時將好幾件事情的資訊記在腦裡）、關鍵思考和問題解決的評量分數。此外，不斷增加的證據顯示，先前對閱讀寫作顯得沒什麼興趣的孩子在透過線上遊戲的內文式溝通後，讀寫技巧大有進步。

就像我已經提過的，至少有某項證據證明玩動作類、挑動情緒的電玩能幫助年輕人在壓力狀態下調整情緒。現今對電玩遊戲社會性好處的正式研究很少，但卻有很多針對這類好處的實驗軼事報告問世，已經完成的研究顯示，常玩電玩遊戲的玩家比不玩的同儕，在社會性調整上的表現平均而言較佳。

讓孩子到戶外玩耍的方法，不是把電腦或電視扔掉，這和把家裡的書丟掉沒啥兩樣，這些都是學習和享樂的絕佳資源。正確的方法是確保孩子有真正在戶外和其他孩子自由玩耍、而不受大人干擾的機會。現代小孩需要熟悉電腦技巧，就跟狩獵採集者的小孩需要擅長彎弓射箭或擲長矛一樣。想開發這類技巧，孩子們需要自由和機會來玩電腦這種現代工具。但為求健康成長，他們也需要遠離家門到戶外與其他孩子玩耍的自由與機會。關鍵字是「自由」和「機會」，而非高壓手段。

Chapter 9

任意年齡混合：培養兒童自我教育的關鍵

混齡教育的意義

瑟谷學校中，[6]一位十三歲的小男孩與兩位七歲的小男孩，正共同創作屬於他們的奇幻故事：七歲的男孩述說著腦中劇情的同時，十三歲的小孩則將其編寫成連貫的故事，並把背景畫在黑板上，劇情與故事的誕生似乎是同步的。這個遊戲最少進行了半小時，而這個創作是他們任何一位都無法獨力完成的。七歲孩童的熱情與不受拘束的創造力，與十三歲孩童的編輯與藝術的能力結合，為這份創作提供了最佳的化學變化。

這便是丹尼爾．格林伯格一直提倡的混齡教育。同樣的，蘇伽特．麥特拉也認為年齡混合是兒童從公用電腦中急速學習的重要因素。他在印度所研究的最低限度侵略性學習方式（在第六章有討論過）亦提到這樣的理論。一如我們所見，研究狩獵採集文化的人類學家提出，年齡混合對於孩童自我教育有重大影響（請參閱第二章）。

任意混合孩童的年齡是兒童自我教育的重要因素。兒童會透過觀察其他孩童並與其互動來自我教育。但截至目前為止，教育學家並未重視任意年齡混合的因素。教育學家認為，教育的主控權應由教師掌控，且所有受教者都應是同年齡程度的狀況，幾乎沒有考慮到兒童可以在一個年齡、技能與程度混合的環境中相互學習。

就歷史和進化的角度而言，依照年紀區分兒童是相當奇妙的。在狩獵採集文化中，兒童透過接觸其他不同年紀的兒童來自我教育，他們必須在年齡差別較大的團體中學習（如同第二章所討論到的）。狩獵採集者的部落相當的小，孩童年齡差別也較大，部落中的孩童很難同時有兩位以上年齡相同的玩伴。一同遊玩或探索的團體，通常會有六位年齡由四歲到十二歲，或七到十七歲的孩童所組成。這樣的狀況在人類過往的歷史中，占了約九十九%的比例。

若要回到更久以前的進化史，年輕人的年齡混合，對於祖先來說是相當正常的現象。我們最原始的祖先包含黑猩猩、倭黑猩猩與大金剛，都生活在一個較小的團體中，女性成員一次只會生產一隻後代。因此，對小猩猩來說，玩伴是由許多年齡差別較大的猩猩組成。研究指出，追溯到最原始的祖先會發現：同年齡的友伴是相當稀少的，發展了幾百萬年的自我教育本能是在年齡混合的團體中培養而成。

大約在一萬年前，在農業出現後，人類開始在較大的團體中生活，充足的糧食讓人類的生育時間點更加接近。這樣的發展提供了孩童與其他同齡的孩童互動的機會（後文中稱為同齡互動）。不過年齡混合的狀況依然存在：在非西方社會，非學校體制中，孩童被期待要照顧

6 通常我會坐在遠方觀察孩子玩遊戲，但在這段距離之內要能夠看見並聽見他們，並同時假裝閱讀一本書或雜誌。如果在不被發現的情況下，我會邊聽邊看並一邊記錄，否則我會在之後才馬上開始做筆記。

比自己年幼的同儕，這意味著年齡混合的團體。直到約一百年前，西方社會大規模強迫性的教育體系，開始了學校分級制度，兒童被強迫與同齡的孩童們長時間相處。

在過去三、四十年中，美國與許多其他的西方國家在年齡分級制度上，演進到了令人驚駭的程度。今日，許多的兒童除了在學校的時間，連校外時間都活動於年紀差距約一到兩歲的團體。家庭核心的縮小、家庭關係的減弱、擔心年長的孩童會對年幼的孩童造成不良影響，與鄰居較短的自由活動時間，長時間的校園生活，與依年齡分化的課後活動及大人的主導，導致兒童認識年紀不同的兒童的機會大幅減少。

分齡的校園生活主導了我們對於童年的想法。至今，許多人包含研究孩童的發展心理學家，都認為孩童只應與兩類人產生互動：同齡的孩童或長輩與教師。[7]

瑟谷學校採用以往狩獵採集社會中，年齡混合教育的方式，學校由大約一百三十位至一百八十位年齡自四歲到十幾歲的學生組成。

在學校中，他們有一整天的時間可接觸任何人，會花大部分時間與不同齡的兒童互動。為了瞭解瑟谷中年齡混合的狀況，我的研究夥伴傑伊．費爾德曼（Jay Feldman）於七周內在校園中來回探訪了十四次。他記錄了每個二至七人團體中的互動狀況。分析結果，學生的社會互動中超過半數是與年齡差別兩歲以上的孩童，另外，互動中年齡差距超過四歲的比例約為四分之一。我們發現這樣的年齡混合在遊玩時特別明顯。在後續長期的性質研究中，我們記錄與分析約兩百件青少年與兒童互動的獨立狀況（青少年：我們將其定義為十二歲及以上；兒童：我們將其定義為小於十二歲，並比團體中較年長者小四歲）。

在與不同齡的兒童交往時，孩童們究竟學到什麼？下面的章節就要來探討這個問題。一開始先找出對於較年幼兒童的好處，再將方向轉向較年長者的好處。大部分例子都來自於瑟谷，剩餘的部分則來自非西方國家，很少接觸西方國家中的研究。

任意年齡混合對年幼孩童的價值

在一個混合年齡的環境中，較年幼的孩童可專注地參與他們無法單獨執行的高難度、高複雜甚至危險的活動，亦可透過觀察年長的孩童們執行那些動作，藉由聽到他們的對話來進行學習。年幼孩童可藉由此方式，得到從同齡孩童無法取得的精神支助與照料。這些優點相當

7 這項假設顯示混齡孩子互動研究的缺乏。近來，我檢視《孩童發展》和《發展心理學》這兩本發展心理學的重要期刊，於二〇〇〇年到二〇一〇年出版的每篇期刊。跟孩童互動有關的文章，研究對象的年齡差距有兩百一十三篇是在二十四個月以下，而年齡差距在二十四個月以上的只有十九篇。在這十九篇中，有十五篇專門針對兄弟姊妹之間的互動，而四篇有提到非兄弟姊妹的互動。另外對教育和心理學期刊與社會科學資料庫更深入的調查，一樣少有混齡孩子互動的研究。

的明顯，後文中會闡述這些機會對孩童的生理、社交、情感與智慧的發展有多麼重要。

・在近端發展區內進行遊戲

請想像兩位四歲孩童試圖玩接球遊戲，事實上他們沒辦法進行：無法將球丟得夠直或接得夠好。再想想一位四歲的孩童與一位八歲的孩童進行同樣的遊戲。較年長的孩童可將球拋至年幼的孩童手中，同時也能跳起來或往前撲去接年幼的孩童所丟出來的球。兩位孩童都可藉由參與遊戲而從中學習。換言之，如果只有四歲孩童，就沒有辦法進行接球的遊戲，但在包含八歲與四歲孩童的狀況下，就能夠進行並享受接球。同樣的道理也適用於其他活動。

一九三〇年代，在第七章中介紹過的俄羅斯心理學家維高斯基，提出了「近端發展區」這個名詞。所謂「近端發展區」，就是指自己或與相等能力的夥伴合作時無法進行，但與能力較佳的夥伴就可以進行的活動。他提出孩童透過執行近端活動發展區內的活動並與他人合作時，即可習得新的技能與知識。

奠基於維高斯基所提出的理論，哈佛心理學家杰羅姆．布魯納（Jerome Bruner）與他的同事提出了一個新用詞「鷹架」，用來比喻能力較好的人以其能力使初學者能夠參與共同活動。「鷹架」包含在共同活動中持續的提醒、提示、鼓勵，或用其他形式的方法來幫助對方。在上述例子，對四歲的孩童來說，接球遊戲是在其近端發展區。而八歲孩童輕輕地拋球、接球便是鷹架的表現。

在教育理論中，維高斯基與布魯納的理論最常被用於孩童與家長或老師的互動。費爾德曼與我的研究顯示，這個理論若用於年齡混合的孩童互動中會更為合適，在這樣的環境中沒有特定教師或學生的角色，參與的孩童只是很自然地玩樂。年長的孩童比起大人，在能量、活動表現與理解能力方面都較為接近年幼的孩童，在年幼孩童的近端發展區中能顯得更為自然。此外，年長的孩童並不認為他們對年幼的孩童有長期教育的責任，因此，不會給予年幼孩童過多的資訊或協助。

在年齡混合的遊玩環境下，每位孩童的能力都明顯不同，鷹架的現象會持續並自然地出現。大部分時間鷹架是在無意識下發生的，可以協助提升年幼孩童的能力，使大家都能享受遊戲。

下面是幾個費爾德曼與我在瑟谷所觀察到的實例：

在四方格的遊戲中，孩童將球用力擊打到年長的孩童所在的方格，卻溫和地將球打到爾尼（四歲）所在的方格中。同時，更改規則讓爾尼可以只接球與投球，而不需擊球。

在摔角的遊戲中，三位年紀約八歲到十一歲孩童聯手攻擊漢克（十八歲）。漢克會依照對手的年紀與能力甚至身材來進行反擊：最年長的對手克林被丟得最遠，而最年幼的傑夫被丟得最近。漢克似乎清楚知道對付每個對手的力道，可以提供對手樂趣，卻不至於讓他們嚇壞或受傷。

在一場激烈的鬥劍遊戲中（用軟劍來決鬥），十七歲的山姆會依對手的能力調整他的攻擊模式。這樣可以讓對手感受到挑戰性而同時又不會被輕易打敗。

在籃球比賽中，十五歲又相當強壯的艾德會花相當多的時間在運球，好讓由八到十歲所組成的對手有機會從他手中把球搶走。最終他會把球傳給隊友，鼓勵八歲的達里爾投籃。

在上述所有實例中，年長的孩童都會依對手的能力來調整自己，讓年幼的孩童也能享受遊戲並從中學習。

就籃球場的例子而言，透過鼓勵隊友，艾德亦能提升自我的籃球技術：幫助隊友創造籃下投籃的機會和告知何時出手，可以讓他球技更為精湛。年長的孩童在過程中沒有任何損失，他們也相當享受與年幼的孩童一起進行遊戲，不僅提升技術，也讓年幼的孩子表現得更好。

在同時面對多位對手的狀況下，漢克的摔角技術與山姆的鬥劍能力也得到了很好的發揮。對艾德而言，投籃與得分太過於簡單並不有趣，相對的在多人防守的狀況下運球，尋找機會給較年幼的隊友變得相當有挑戰性。此刻他也加強了自我的運球、傳球與場控的能力。

在學校中我們也發現了許多鷹架實例，其中以卡片遊戲與棋盤遊戲的例子最為明顯。大部分小於九歲的孩童，都不能與相同年紀的孩童進行這樣的遊戲（當然也有例外）。他們很容易忘記規則並失去注意力。即使遊戲開始，也很快會瓦解。

在瑟谷中，小於九歲的孩童常常與較為年長的孩童進行類似的遊戲。較為年長的孩童喜歡與年幼的孩童一起玩，或需要他們的加入才能有足夠的人數，通常會接納這些孩童參加遊戲。年長的孩童會提醒年幼的孩童該做什麼，讓他們也能參與遊戲：「輪到你了喔」、「把你的卡片拿好，這樣別人才不會看到」、「試著去記憶有出過哪些卡片」、「哇！在你出那張之前，先看看桌上有哪些卡片了」。雖然有時這些提醒會伴隨著一些不耐煩的語氣——尤其是對方較不能跟上之時，但這些提醒仍然相當有幫助。為了讓遊戲持續進行，年長孩童的提醒是必要的。在玩這樣的遊戲時，年幼的孩童需要表現出基本的心智能力，如專心、記憶與預先思考。

瑟谷的年輕學生通常不需正式的指示就能學得數字、閱讀或寫作的技能。我們所觀察到的年齡混合互動，幫助我們理解了這個現象：在學校任何一個時間點都可以發現，年齡不同的孩童一起進行與數字、閱讀或寫作相關的活動。

在計分的卡片、棋盤與電腦遊戲中，年長的孩童會教導年幼孩童如何計算分數。通常計算分數會用到加減法與其他複雜的計算方式。在需要閱讀文字的遊戲中，年長的孩童會為還無法閱讀的孩童念出文字。他們教導這些年幼孩童如何書寫或在電腦上拼出文字。在過程中，年幼的孩童可學習常用詞語，並增強閱讀能力。

根據學校員工提供的資訊，現在的孩童比以往更早開始學習寫作與閱讀（更準確的說法是打字輸入）。比起以往，電腦遊戲、電子郵件、網路社交平台與簡訊聯絡變得相當流行。各個年齡層的孩童都參與在這個以打字輸入為中心的活動。同等於以往學習瞭解與開始口頭對話的方式，現在的孩童以最自然的方式學習閱讀及輸入等能力。

實驗創新在較為傳統的學校中，也提供了許多年齡混合，對於語文能力發展的證據。在一項研究中，詹姆斯．克立司帝（James Christie）與珊德拉．史東（Sandra Stone）比較了幼兒園孩童在分別的兩年中的狀況。

第一年，學校年齡混合，其中包含幼兒園、一年級生與二年級生。第二年，在相同的教室裡，由相同的老師帶領，但只有幼兒園的學生。在教室中，兩年都設有相同的遊戲中心，而所有自由活動時間都由研究者進行錄影記錄。在年齡混合的環境中，幼兒園的活動團體中，往往會包含一位甚至多位的一、二年級生。

由於年長孩童的參與，他們往往可以進行較為複雜並涵括閱讀與寫作的遊戲。在年齡混合的環境中，幼兒園孩童參與的閱讀活動是原有的四倍，而參與的寫作活動是原有的六倍。大部分文學相關活動都是在社會戲劇遊戲的時候發生。例如：在烹飪遊戲時孩童必須要閱讀食譜、在兒童照護遊戲時會讀睡前故事，而生日遊戲時會在自己的禮物上寫標籤。

在另一個研究中，凱伊．埃姆芬格（Kay Emfinger）用錄影的方式記錄了暑期活動中，四歲到十歲的孩童團體之自由玩耍時間。發現在許多狀況下，年長的孩童讓年幼的孩童接觸到超乎其能力的數字概念。

例如：年長的孩童教導年幼的孩童該如何透過數數字的方式來給人剛好七滴的藥物。在另一個實例中，一位年長的孩童向一位年幼的孩童解釋，如何在商店遊戲中計算一個十元及一個五元商品的總額，同時也解釋如果用二十元的紙鈔支付，該找回多少錢。這樣的概念對年幼的孩童來說相當有意義，透過自我導向的社會戲劇性遊戲，他們瞭解這些概念該如何應用，勝過非自願性的制式教育帶來的效能。

在瑟谷中，最年輕的學生約為四歲。在其他不同地點的研究中顯示，更年輕的孩童也可受惠於年齡混合的遊戲環境。一般而言，兩歲與三歲的孩童是無法與同年齡的孩童進行社交活動，取而代之的是較容易適應平行遊戲。他們會在對方的身邊各自進行自己的遊戲，同時給予對方少許的注意力，但不會試圖開始有互動的社交。

然而，在年齡混合的環境，年長的孩童會誘使年幼的孩童進行互動、共同遊玩。就算是四歲孩童都有能力提高三歲孩童的互動遊戲能力。在兩個不同的實驗、不同的育幼院中可以觀察到，在有三歲的孩童與四歲的孩童環境，他們進行互動遊戲的頻率高過平行遊戲。

在一個由三十六個馬雅人家庭所組成的墨西哥村落中，研究者艾希莉．梅納德（Ashley Maynard）記錄兩個孩子遊玩的狀況。在這些團體中，年長的孩童有責任要照顧年幼的孩童。她尤其專注於由年幼的兩歲與三到十一歲的孩童所組成的團體。這些孩童進行著一些平凡，且天天會發生的遊戲，例如製作假的玉米餅、照顧小玩偶及開店的遊戲。

根據梅納德的觀察，每個遊戲都像是進行教學。年長的孩童會幫助年幼的孩童，並讓他們進入無法獨立進行且比較高階的遊戲狀態。就算只是三歲的孩童，也可以透過示範的方式，讓兩歲的孩童模仿與觀察較為進階的工作。一般而言，越年長的夥伴越能夠提升兩歲孩童動作的複雜性與社交性。

當孩童八歲時，他們領導年幼夥伴的能力最為顯著，會透過口頭說明來解釋如何扮演特定角色，並提供適當的道具及複雜的策略來幫助夥伴，甚至會調整自己讓兩歲的孩童可適當地進行反應。

例如，八歲的東尼克與兩歲的卡塔勒一起玩幫玩偶洗澡的遊戲：卡塔勒希望可以自己幫玩偶洗澡，而東尼克透過示範的方式來幫助卡塔勒完成。首先他幫卡塔勒準備了一杯水，讓他可以潑在玩偶上，接著透過一步步的口頭解說替小嬰兒洗澡的正確步驟。

・透過觀察學習

在年齡混合的環境中，孩童透過觀察與聆聽年長孩童的方式進行學習。

就算沒有直接的互動也無妨，透過觀察年長孩童的活動，年幼的孩童可以學到活動的基本概念，並激勵他們嘗試那些活動。透過聆聽年長孩童使用較為艱深的詞語與想法後，年幼的孩童可增進語言及思考能力。

觀察比自己稍微年長的人是成長路上很自然的過程。一位五歲的孩童不會對大人的活動感到興趣，對他來說，大人的世界與他完全不同。但對於身邊常見的八、九歲的孩童，則會抱持著憧憬，並希望與他們一般。

倘若八、九歲的孩童在閱讀或討論書籍、玩電腦遊戲、爬樹或收集魔術卡片，五歲的孩童也會想做同樣的事情。相同的，八、九歲的孩童也會以年長的青少年為榜樣。青少年會想學習較年長的青少年，而較為年長的青少年就會以大人為榜樣。這狀況在年齡混合的環境中會很自然地發生，瑟谷就是個很好的例子，人們不需要刻意地建立自我成為年輕人的榜樣。

兩位大學部的學生與我正進行一項研究，目的在於探討瑟谷的兒童如何與為什麼學習閱讀。結果顯示，在看到年長的孩童閱讀與討論他們閱讀的東西時，會讓年幼的孩童更有動力學習如何閱讀。如一位孩童所說的「我想要有他們的魅力，也想要加入那個團體」。

費爾德曼與我的正式研究是以連結參加者為主，而不是觀察性學習。但在研究的過程中，我們不自覺地發現，當一群學生在進行有趣的活動時，另外一群學生（通常較為年幼）會很仔細地觀察。有時這些觀察的現象會激起後續的模仿與學習，下面就是一個觀察到的實例。

> 坐在校園的遊樂場邊，我看著兩位十歲的女孩由溜滑梯上走下來。附近有一位六歲的女孩比我還專注地看著她們。隨後六歲的女孩就爬上了溜滑梯，並開始嘗試走下對她來說又高又陡的溜滑梯。她的雙手與膝蓋都貼著溜滑梯，已經準備好隨時在失去重心時緊抓旁邊的扶手。
>
> 我注意到那兩位十歲的女孩還留在溜滑梯的旁邊，並以憂慮的眼神盯著她。雖然不是很明顯，但她們似乎都準備在她掉落時接住她。一個十歲的女孩說：「妳不需要

這樣走下來呀，妳可以用溜的」。

但六歲的女孩仍繼續慢慢地前進，到達地面時，她散發著驕傲的光芒。不久後，兩位年長的女孩爬上了附近的一棵樹，年幼的女孩也跟隨著她們往上爬。強烈的動機讓年幼的女孩努力完成那些年長女孩可以輕鬆做到的動作。

在我們所研究的青少年與年幼兒童的年齡混合互動中，兩者開始互動前，年幼的孩童都會觀察年長的孩童的動作。觀察的過程會成為促使兩者互動的動機。舉例來說，七歲的布莉姬觀察十二歲的梅姬玩紙牌接龍。當梅姬的遊戲結束時，布莉姬向她詢問如何玩這個遊戲。接著梅姬把紙牌拿出來，解釋遊戲規，並協助年幼的女孩完成遊戲，有時梅姬還會指出卡片應該要放在哪裡。

在另一個例子中，十三歲的史考特用高爾夫球桿當麥克風，唱著有趣的饒舌歌，七歲孩童諾亞看著他在一旁開心笑著，史考特邀請諾亞一起加入他的遊戲。當史考特說「幫我打拍子」，諾亞表示他不明白時，史考特解釋並示範了這個動作，隨後諾亞就模仿史考特打節拍，讓他可以高歌。

在許多學生的畢業論文中，正式或非正式的訪談裡，許多學生都談到如何透過觀察年長孩童培養自我興趣，包含玩樂器、用黏土做出不同的物品、烹飪、攝影、撰寫電腦程式、寫劇本，或是體能的活動，像是攀爬在建築物牆壁上，繞校園一圈。

人類學家愛任紐．艾伯—亞貝費特（Irenäus Eibl-Eibesfelt）指出，依據他在世界各地的觀察與研究顯示，年齡混合的環境可讓孩童發展出「孩童文化」。所謂「孩童文化」，就是指每個世代的孩童都會從較為年長的孩童身上，習得某些特定的技能與知識，並將這些知識傳承給下一個世代的孩童。

第一個在瑟谷中完成，在不碰到地面的條件下，攀爬建築物繞校一周的孩童，開啓了一個新傳統，而這個傳統至今已經傳承好幾十年了。

年幼的孩童不會盲目模仿年長的孩童。相反的，他們會觀察並思考所看到的行為，最後將這些觀察到的行為與自己認為合理的行為結合。因此，就算是錯誤或不健康的活動，都能讓年幼的孩童從中學習。

一九七〇年代，有一位學生在瑟谷完成了他的初等與中等教育，那時學校還設有一間吸菸室。這位學生曾和他的父親說，他很慶幸年幼時能與一些較為年長的學生待在吸煙室裡。透過觀察與聆聽這些年長的學生，學到抽菸是會上癮的，也明白不能讓菸癮影響他的健康與壽命。當他成長為有可能嘗試吸菸的青少年時，早已不將吸菸視為帥氣的行為。

大衛．蘭西（David Lancy）是一位在世界各地觀察孩童玩耍與學習的人類學家。他在利比亞、巴布亞新幾內亞與千里達的傳統部落中都進行過研究。他是《童年人類學》的作者，同時也是《童年學習人類學》（*The Anthorpology of Learning in Childhood*）的作者，在本書中，他曾寫到「對個人來說，最重要的學習方式就是透過觀察」。在傳統社會中，教學活動是相當少見的。在這種環境長大的孩童，主要都是透過與較成熟的其他孩童一起參與活動，以學習新的技能。在進行那些活動時，有時會需要用到口頭的說明等教學方式。一般來說，孩童在開始學習文化活動與技能時，都是透過觀察與聆聽其他年長的孩童來進行。

蘭西與許多其他人類學家都指出，在以口頭教學為主的西方國家中，學生被灌輸的觀念是：教育是透過由老師的指示與教導來進行，而抄襲別人將會被當成在作弊。這樣的教育理念讓學生不再透過觀察學習。

蘭西向我述說了最近在猶他州滑雪時發生的實際事件：一名約為十一歲的男孩似乎沒有搭乘過滑雪纜車，在沒有觀察其他人的狀況下，他靠近了這個很少見的纜車。當輪到他時，他不顧後方有很多人在等待，開始詢問別人搭乘的方法。依照蘭西的說法，在任何一個非西方文化中，任何一個孩童在這樣的狀況下，都知道要先站在旁邊觀察其他人如何搭乘。在學習這樣的技能時，觀察他人會比詢問別人來得有效率。

有些研究顯示，比起非西方文化，美國的孩童較不注意他們身邊發生的事情，也較少透過觀察學習。在一個實驗中，瑪麗塞拉．科雷亞─查維斯（Maricela Correa-Chávez）與芭芭拉．羅格夫（Barbara Rogoff），比較了瓜地馬拉的傳統馬雅文化孩童與加州的中產階級歐美孩童在觀察學習上的差異。

實驗的方式是將一對兄弟帶進實驗室中，並教導其中一位孩童如何組裝一個有趣的玩具（如一個會動的老鼠或會跳的青蛙）。同時，另一個孩童會坐在旁邊並操作著不同的玩具。

在實驗中，沒有被教導如何組裝的孩童會被要求去組裝那個玩具。結果顯示，在沒有被教導的狀況下，瓜地馬拉孩童比美國孩童更能完成被要求的事項。此外，在瓜地馬拉的孩童中，來自那些最傳統的馬雅家庭的小孩，比起來自西方家庭的小孩，更能夠透過觀察學習。

・照料與精神上的支持

卓越的教育理論家內爾．諾丁斯（Nel Noddings）一直以來都堅持，照料對於教育是很重要的因素。孩童必須要感受到安心和被照顧的感覺，才能讓他們更投入的探索與學習。孩童可以由相信並會照顧他的人身上學到最多東西，雖然，不是人人都完全認同諾丁斯所提倡的理論，但不可否認，對孩童來說，與會照顧他們的人在一起絕對是比較好的。

瑟谷中所建立的環境中，與年幼的孩童熟識，並願意照料他的年長孩童，可以讓年幼孩童感到安心與安定。當我們在學校的時候，發現無數年長孩童照料，並對年幼孩童表現出慈愛的例子。

舉例來說，不管在什麼時候，我們都可以看到年幼孩童坐在年長孩童的腿上，或是窩在年長的孩童的身邊。有一些狀況是年長的孩童與年幼的孩童一同閱讀、聊天或進行遊戲。有些狀況下，年長孩童是在進行著自己的活動，而年幼的孩子似乎只是希望可以窩在年長孩童身邊，取得被照料的感覺。

我們也發現許多年幼孩童向年長孩童求助，尋求意見或認可的例子，年長孩童都會滿足年幼孩童的要求。我們觀察到年長孩童幫助年幼孩童尋找東西，提醒年幼孩童要收拾好玩具，教導年幼孩童如何加入遊戲，對年幼孩童的創作，提出意見和解決口角等狀況。

費爾德曼在研究中，舉出了三十個年幼孩童向年長孩童尋求意見、指示，或其他幫助的例子。其中的二十六個例子中，年長孩童開心的給予了回應，雖然學校中年長孩童對於年幼孩童沒有任何照料的責任，但這些狀況還是自然發生了。他們的反應都是出於自願，對他們來說，年幼孩童的要求似乎很難拒絕。

任何一位幼兒園老師或國小老師，甚至兩者一起，都無法在教室中給予年幼孩童，如同瑟谷中的年長孩童給予的照料與安心感。年長孩童自發性的照顧年幼孩童，讓其所提供的照料變得更加有意義。

針對在傳統學校中，年長孩童提供照料與支持的相關研究還相當稀少。其中一例是由傑弗里・葛瑞爾（Jeffrey Gorrell）與琳達・基爾（Linda Keel）實驗室進行的家教計畫。

研究中，八年級的孩童要與一年級的孩童，進行每周三次、每次二十分鐘的教學活動。報告顯示，一開始八年級的學生都在想辦法讓學生專注在家教工作上。但在第一個月後，兩者的關係變得較為歡樂與充滿感情，一年級學生開始會坐在八年級老師腿上，許多跡象如牽手、親吻、摸頭，與自然地開玩笑都顯示兩者感情變好了。

根據研究者的說法，情感上越能滿足孩子需求與欲望的關係，越能夠達成教學計畫學術上的目標。在年幼孩童與年長孩童建立起良好的關係後，他們更能夠從年長孩童身上學到東西。值得注意的是，葛瑞爾與基爾的研究大約是在三十年前所完成的。今天的環境下，那樣的感情在許多傳統的學校都被視為違法。

任意年齡混合對於年長孩童的價值

年齡混合的好處是雙向的。透過與年幼的孩童互動，年長的孩童可以建立領導與照料的能力。他們可以學習到在團體中擔任成熟方的經驗（對於沒有較為年幼弟妹的孩童來說，這樣的經驗相當重要）。年長的孩童也可以透過教學，更為瞭解事情的概念。

年長孩童可以讓年幼孩童更專注於複雜與獨特的活動；同時，年幼孩童也可以讓年長孩童更專注於創意的活動。在此我會說明年齡混合對於年長孩童的三個好處。某種程度上，這些對於年長孩童的好處，就是對於年幼孩童的好處的反面。

・學習照料與領導

在瑟谷中，年長孩童教導年幼孩童如何進行遊戲，他們會調整方式好讓年幼孩童可以融入。有時，他們也會在年幼的孩童的夢想中，加入一些現實的條理，並鼓勵他們進行藝術創作或其他計畫。

年長孩童還會幫助年幼孩童閱讀，提供其照護，將他們放在自己的腿上，協助找尋失物、排除紛爭，提醒可能遇到的危險。讓他們有機會學習成為好的家長、照護者與領導者。他們積極、自願地進行這樣的活動，學校人員也會不停地鼓勵、告知，對年幼孩童該有的態度與方式。

我們也觀察到，許多年長兒童會討論要如何對待年幼孩童，與責備其他孩童要善待年幼孩童的例子。在一個實例中，三位六到八歲的女孩很沒禮貌的不讓四歲的琳達加入摺紙遊戲。這時在她們身邊閱讀的南希（十歲）發現了這個現象，放下了書本，走向那三個女孩，向她們說「如果妳也被排擠的話，會有什麼樣的感覺？」三位小女孩聽到後，給了琳達一些紙，並教她如何摺紙。

在另一個狀況裡，十七歲的莎碧娜責怪十一歲的瑪琳達，因為她沒有把一起玩耍的年幼孩童所丟在外面的變裝衣物收拾好。瑪琳達為自己辯護說，她不應為這些衣服負責，但莎碧娜指出瑪琳達非常清楚學校的規定，而且年幼的孩童會以她為榜樣，所以她必須要負起責任。通常來自年長孩童的譴責會比大人的譴責來得有用。

費爾德曼同時也記錄到許多青少年與較年幼孩童的長期友誼。在這些的狀況下，青少年對年幼孩童有一份引以為傲的感覺，彷彿這些孩童就是他的小孩或特殊的弟妹。不論是否有意，他們對這些孩童表現出父母的感覺。

例如，十九歲的尚恩是學校中最年長的孩童，他與五歲的雷克斯和六歲的喬丹關係相當良好。尚恩擁有一套樂高玩具，他喜歡用這些樂高來建造一些讓孩童仰慕的建築物，並將這套玩具留在玩具間，好讓其他孩童也可以玩。在這種狀況下，他會讓雷克斯與喬丹負責保管玩具，確保玩具有被正確使用，並在玩完後確實收好。雷克斯和喬丹很嚴肅看待這份責任，也因被賦予責任而感到非常榮耀。

許多跨文化的研究顯示出與瑟谷觀察到的相同結果。較為年幼的孩童，會激起年長的孩童的照護本能並讓其成長。

在跨文化的兒童社會互動觀察報告中，人類學家碧亞翠斯·懷亭（Beatrice Whiting）指出，世界各地的孩童都會對比自己小三歲以上的孩童，表現出較為友好與同情的心理。相對的，對於年紀較相近的孩童就不會有如此表現。

在肯亞一個務農部落的研究中，卡洛·恩伯（Carol Ember）發現，會幫助媽媽照料年幼孩童或嬰兒的八歲到十六歲男孩，比起沒有照料孩童經驗的同齡孩童更為溫柔，也較無攻擊性。

從一般傳統的學校中也發現，許多年輕人學習溫柔照料年幼兒童的實例。在跨齡的家教計畫中，透過與年幼孩童的互動，會讓年長孩童在責任感、移情作用與幫助他人等方面培養較好的能力。

瑪麗·高登（Mary Gordon）在多倫多所創辦的同理心學校裡，發現了令人印象更深刻的例子。她在多年研究施虐的家長與被虐的孩童後做了這項計畫。她表示在暴力與缺乏愛的環境下長大的孩童，很容易也變成暴力與缺乏愛心的家長。

在計畫中，她把嬰兒與母親一起帶進教室，透過這樣的方式，來自不同背景的孩童可以觀察、談論嬰兒，並學習感覺當一個嬰兒。這個活動的最終目標，是希望孩童能在未來成為較好的家長。

她發現體驗這項計畫，比單純的教室教學擁有更快速的成果。經歷一整個月和嬰兒與媽媽共處的孩童，相較之下較為溫和且富有同情心，校園暴力的狀況相對減少。原本因為他們的不同而被嘲笑與欺負的孩童，現在大家都羨慕他們的與眾不同。因為與嬰兒的接觸，相關的討論成為讓同情心滿盈於教室的最大動力。這樣的影響持續了一個月，直到下次小嬰兒的到來。

下述是高登在書中寫到計畫中的一個故事。戴倫是八年級中看來最凶的學生。因為留級所以比其他孩童大上兩歲，臉上已經長了鬍子，在剃光的頭上有刺青，讓身邊的學生感到備受威脅。在他四歲時，曾親眼目睹母親在面前被謀害。從那起事件後，一直輾轉於寄養家庭，透過把自己裝扮得很凶狠，來抵擋生命中的痛苦與寂寞。

但是在計畫中，被帶到學校的六個月大嬰兒融化了他的心房。小嬰兒的媽媽以粉紅色的嬰兒背袋裝著他。在四十分鐘的課程結束後，小嬰兒的母親問有沒有人想背背看這個背袋。出乎意料的戴倫舉起了手。

背著那個背袋，戴倫問了小嬰兒的母親可否把小嬰兒放進背袋裡。雖然這位母親應該相當的不安，但她仍然答應了他的要求。戴倫抱著小嬰兒在旁邊溫柔地搖著，小嬰兒也舒服地窩在他的胸口。當小嬰兒要離開時，戴倫向嬰兒的媽媽與老師問道：「一個沒有被愛過的人，可以當一個好爸爸嗎？」

同理心學校現在在加拿大已漸漸普及，同時也在許多其他國家中活動。一位哥倫比亞大學的教授金芭莉．舒奈特—雷舒爾（Kimberly Schonert-Reichl）也提供了研究，證實這樣的計畫可顯著減少學生的攻擊性。效果不只有嬰兒來訪的那天，而是整學年都有效。在我們所創造出年齡區隔的傳統校園環境，刻意讓年齡不同的孩子接觸，將是培養他們同情與憐憫心的關鍵要素。

．在施教中受教

施教，無論是在教室中進行，或在日常生活中非正式進行，對我們來說都是智力上的挑戰。

當我們嘗試向別人解釋一個概念時，必須將腦中的認知轉換為清楚的文字敘述，讓對這件事完全沒有概念的人可以理解。為了達成這個目的，我們必須要很清楚地思考腦中的概念，有時甚至要改變初衷。

教學被形容為雙向的活動，其中老師與學生兩者相互學習，讓學生可以在安心的狀況下，向老師提出問題。許多家教計畫都顯示出，在這樣的教學活動中，不論是施教者或受教者都對教學議題有更進一步的認知。

當年長的孩童向年幼的孩童解釋一個概念時，往往也能清楚地瞭解在他們能力範圍內的邊界概念。舉例來說，當一位八歲的孩童向小他兩歲的妹妹解釋，如何幫嬰兒洗澡時，會用文字敘述洗澡的相關步驟。他會嘗試用組織概念去思考這件事情。同樣的，當孩童幫助他人閱讀，或是使用數字的時候，他們也會讓自己腦中的某些語言，或數字上的概念變得更為透澈，以便解釋並回答其他孩童的問題。

在瑟谷中，費爾德曼與我都發現許多年紀不同的孩童間進行來回的討論。這樣的討論間接使雙方的知識都得到了提升。

舉例來說，當年長的孩童在進行如西洋棋等策略遊戲教學時，年幼的孩童所提出的問題，往往會使年長的孩童必須謹慎思考，為何走這一步比走別步好後才能夠回答。因此，必須將對遊戲所擁有的瞭解與以往習得的經驗，轉換為理智與明確的文字敘述。這樣的過程可以讓他們更清楚瞭解到自己的優劣，進而更完整地理解這個遊戲。

在遊樂之餘，我們也發現年幼的孩童向年長的孩童請教的雙向教學實例。在一個例子中，八歲的艾瑞克向十四歲的亞瑟抱怨其他兩個男孩（九歲與十歲）。這兩個男孩不停騷擾他，一直用奇怪的綽號稱呼他。亞瑟建議艾瑞克應該將這個問題告訴學校的裁判單位。但艾瑞克反駁說「他們有言論的自由」。經過思考，亞瑟說雖然言論自由讓他們可以去說那些事情，但艾瑞克也有權力可以不要聽到他們所說的話。這樣的狀況下，來回反覆討論可以讓亞瑟與艾瑞克，比以往更深入思考校內關於人權與自由的議題。

・年幼孩童的創造力提升效益

當年幼孩童被激發參與較為複雜活動的同時，年幼孩童也讓年長孩童能夠更積極參與創造與幻想的活動。我們在瑟谷的研究中發現，青少年與年幼孩童的互動，在有明確促使者的狀況下，有超過一半都是由青少年觸發。他們加入年幼孩童的行列，一同玩顏料、黏土與積木。同時，也會參與一些豐富的想像追逐遊戲。

這些活動在一般文化中，許多青少年都已經放棄不玩了。就算沒有直接地參與這些遊戲，看到這些玩具就會讓年長孩童想要進行一些較為有創意的活動。透過這樣持續性的活動，校園內許多學生都變成傑出的藝術家、建築師、小說家與創意思想家。許多畢業生也踏上追逐創意的路途，並在別的學校深造。我認為年齡混合、一同遊戲的經驗是觸發他們走上這條路的主因。

我們發現就算名義上是互相競爭的遊戲，如卡片或棋盤遊戲，在由不同年齡與能力的人來進行時，也都變得比較有創意。年長與較厲害的孩童並不會因為獲勝而驕傲，而年幼與能力較弱的孩童也沒有辦法在公平的狀況下獲勝，因此，他們是為了娛樂而進行遊戲的，會試圖施展能力並嘗試一些較有創意的玩法。他們遊戲的目的並不是為了要獲勝。

例如在年齡混合的西洋棋遊戲中，年長的孩童會實驗性的走險棋，故意讓自己居於劣勢，或用很快的速度進行遊戲，來讓遊戲變得有趣及富挑戰性。就如同第八章所提到的，比起嚴肅的競爭態度，輕鬆與愉悅的態度會更容易學習新的技術，也更能讓人發揮創意。

年齡混合讓年幼的孩童參與無法獨力完成的活動進行學習。透過觀察與聆聽其他年紀較長的孩童，可以學習到新知並培養興趣，同時能獲得到比平常更多的關懷與照顧。年齡混合能讓年長的孩童練習與發展出照料與領導的能力。透過施教而學習，並參與愉快及富有創意的藝術活動。當我們依照年齡把學校的孩童分開時，會奪走身邊這些重要的學習機會。

在強調年齡混合互動的價值的同時，我並不否認同齡互動的價值。在諸多狀況下，相同年齡與能力的人是較為適合的玩伴與夥伴。他們有更多共同的話題、相同的態度。有時比較的心態可以激發他們達到更高程度的表現。

在孩童不受教育制度的年齡分級之下，會有許多時間和年齡差距較大的夥伴進行互動，但同時會花更多時間與年紀相同的人接觸。意料之內的是，大部分的好朋友，不論在瑟谷或任何地方，都是由年紀相仿的夥伴所組成。

任意年齡混合可以聚集能力不同的人所帶來的價值。任意年齡混合的價值，在於也可以將能力相近的孩子聚集在一起，讓能力在與自己年紀相仿的孩童中突出的孩子，能在不同年齡層中找到與自己能力相同的夥伴。

攀爬技術較差的孩童，可以與其他較為年幼的孩童一同慢慢爬上大石或樹，這樣就不會感覺被遺棄；富有才華的十一歲吉他手，雖然音樂能力遠超過同年齡，還是可以與其他青少年一起玩音樂。一個最好的發展環境會讓孩童自由選擇想要互動的夥伴，隨時都可以依照自己的能力與需求，任意地選擇與較年長的孩童、較年幼的孩童，或和自己年紀相仿的孩童快樂地相處。

Chapter 10

當今社會的信任式教養

信任或是不負責任？

二〇〇八年春天，一個風和日麗的星期天，麗諾爾．史坎納茲（Lenore Skenazy）將九歲的兒子送到曼哈頓的布魯明戴爾百貨公司。

她給了兒子一些硬幣、救急用的大鈔、地圖與地鐵卡，讓他自行回到皇后區的家，他必須先搭地鐵再轉乘公車。這條路他和母親一同走了無數次。回到家後，他非常開心。他曾不斷要求母親讓他自己搭乘大眾交通工具回家，這次終於願望成真了，他渾身散發著一股成熟感。

史坎納茲是一位《紐約太陽報》（*New York Sun*）的專欄作家，她把兒子的冒險故事刊登出來。在刊登後短短的幾個小時內，媒體稱她為「美國最差的母親」。ABC電視台節目《觀點》（*The View*）中所有的女性都譴責她的行為。在遊戲場，一些四歲孩童的媽媽相對較有禮貌，反應是：「嗯，那其實也沒什麼，等我的兒子上大學之後，我也會讓他嘗試看看……」。這次事件成為史坎納茲撰寫《自由的孩子》（*Free-Range Kids*）這本書的動機。

書中，她試圖解釋大部分家長的煩惱多麼多餘，希望改變他們的觀念。我與史坎納茲相當的熟識，我也相當欣賞她。我並非試圖表示我比史坎納茲更厲害，但我兒子在十三歲的時候，我讓他獨自去倫敦兩個禮拜。我必須要承認，一九八二年時，要當一個信任孩子的家長的確比較容易。十二歲時他提出這個提案，計畫自行賺取旅途所需要的所有費用，以防我們以費用問題為由拒絕他，整趟旅行都是由他自行計畫，他要證明就算沒有大人幫忙，也可以獨力完成這樣複雜的事情。他想要去看許多書中所看過的古堡與博物館寶藏。我兒子從未出國過，事實上，他媽媽和我也沒有。

對此，我們猶豫了，我們向他解釋，不是因為年齡，而是因為糖尿病。他患有第一型糖尿病。從九歲發現患病以來，他學會自行檢測血糖濃度、自行注射胰島素與調整飲食習慣。他比我認識的任何一個患有糖尿病的成人都還要來得自律。但無論如何，一個需要靠胰島素調節的人，獨自旅行是相當危險的。胰島素引起的低血糖隨時都會發生，嚴重的話會失去意識。如果在他旅行途中，在沒有人可以幫助他的陌生環境裡發生那該怎麼辦？

對此，他說：「我一直都有糖尿病。如果因為我有糖尿病，而不可以獨自旅行，那就等於是在告訴我，這輩子我都無法獨自旅行。這點我難以接受，我不會讓糖尿病阻止我做我想要做的事情！長大後，就算我想要獨自旅行，你們也無法阻止我。如果你們擔心的不是年齡問題，那現在去旅行與十八歲、三十歲，甚至五十歲的時候去有什麼不同？」他的論點一如往常的無懈可擊。

最終，我們還是同意了。我們唯一能做的就是嘮叨他，隨時帶著醫療資訊標示，讓身邊的人可以透過標示瞭解狀況並幫助他。他利用剩餘的春天與夏天不停打工賺取旅費。

在一間小餐館，他找到了工作，賺取大部分的旅費。一開始只是幫忙洗洗碗，在老闆發現他是多麼認真的員工後，被升級負責烤箱與協調廚房的工作，這份工作給了他相當珍貴的成長經驗。當十月到來的時候，他已經準備好要開始旅行了。當時他十三歲。因為他是瑟谷的學生，所以請假根本不是問題。學校所有人都瞭解這趟旅程多麼有教育意義，因此學校還是將他視為有到校，只是去校外教學。

他在國外的旅程持續了兩周。旅途中參觀了無數座古堡、拜訪了西敏寺、花了一天沉浸於倫敦國家美術館與其他博物館所展示的寶藏中，足跡遍布了倫敦。他還順道參加了憂鬱藍調合唱團（Moody Blues）在牛津所舉辦的演唱會、前往卡迪夫（Cardiff）參觀了卡迪夫城堡。除此之外，他還與一位在飛機上認識的十五歲年輕女孩，一同去了巴黎。整體而言，這個深刻的經驗讓他更有信心可以管理自我生活，完全不受糖尿病影響。

我得承認兒子不是一般的十三歲小孩。他有沒有比較不負責任或不仔細思考的時候，我與太太必須要說沒有。做一位信任孩子的家長，並不代表可以粗心，相反地必須要瞭解孩子，責任感並不會無中生有。如果你希望孩子有責任感，你必須要給予他們負責的自由。相較於一九八二年，活在現代的我們，較難完全信任孩子。

在現代生活中，不論孩子多麼有責任感，家長幾乎都不可能允許孩童進行這樣的冒險。讓低於十六歲的孩童在餐廳打工賺旅費這件事，在現代生活中是被視為違法的（依照故鄉麻薩諸塞州的法律）。更不用提社會輿論的壓力，如果在今天你做了這樣的決定，想想看你的親人與朋友會有怎樣的反應。

雖然有些家長質疑我們的決定，也有許多家長質疑我們的猶豫。如史坎納茲在書中所介紹的：「我們的曾曾曾祖父曾經只給他們心愛的孩子幾顆紅寶石與臘腸，就將他們送上前往新世界的蒸汽船」。另外一個有趣的例子，是研究員瑪莉．馬提尼（Mary Martini）在觀察南太平洋馬克薩斯群島（Marquesan island）中烏阿普島（Ua Pou）的孩童後所寫的報告。內容如下：

她連續四個月觀察一組由十三位孩童所組成的團體，四個月過後，又追加了兩個月的觀察時間……孩童的年紀由兩歲到五歲不等。在其他兄弟姐妹上學的時候，一整天他們有數小時無人看管的遊樂時間。在沒有大人看管的狀況下，他們組織活動、解決紛爭、避開危險、照料傷患、分配物資並進行聯繫。

他們盡量避開大人，以免影響遊戲。遊玩的場所充滿危險，一次強浪損壞了碼頭，岸上的石頭堆中布滿了碎玻璃，山谷的岩壁又陡又滑，孩童經常在相當高的橋與鋒利的火山岩壁上遊玩。彎刀、斧頭與火柴偶爾會被大人遺留下來，並被拿來當玩具。

雖然說環境相當的危險，但發生意外的次數卻相當的稀少，程度也相當輕微。雖然說打鬧、嬉戲與責怪的現象常常發生，但是打架、生氣與哭鬧卻相當的稀少。爭執常常會出現，但很快就會被解決。這些孩童完全不會向大人或年長的孩童求助，解決紛爭或影響他們的遊戲。

當馬提尼向家長討論孩子玩鐮刀與火柴這件事情時，她發現，當家長會把鐮刀與火柴收起來，理由是不希望孩子浪費這些工具，而不是怕他們弄傷自己。根據馬提尼的觀察，這個島上的孩童在心理上與社交上都調適得相當良好。他們從來不會向西方孩童一樣抱怨，或要求大人給予他們照護。相對的，他們非常習慣處理自己的問題。我不是說該效仿馬克薩斯孩童的教育方式，但的確可以從他們身上學到一些東西。

在世界上很難找到比現代社會更低估孩童能力的人類文化，我們對於孩童的低估促使了預言成真。在奪走孩童自由的同時，我們也奪走了他們學習控制自我行為與情緒的機會。

該如何讓信任式教育再次出在現代社會中，從現在開始，討論怎樣幫助孩童再次擁有自由玩耍、探索與獨立冒險的權利，研究怎樣可以轉變阻止孩童練習勇敢與發展情緒控制能力的趨勢，讓我們的孩子能有機會擁有快樂、健康與滿足的人生。

三種家庭教養

針對上述問題，應先區分三種常見的家庭教育方式，這幾種教育方式在不同的時期曾相當有影響力。

信任式教育養是最能夠讓自我教育蓬勃發展。家長信任孩童並放任他們自由的遊玩與探險，甚至自行做出決定、承擔風險並從錯誤中學習。信任式教養的家長不會試圖改變或衡量孩童的發展，他們信任孩童並讓他們自己作主。

信任的家長並不是放任的家長。他們不只提供孩童自由，同時也提供孩童生活必需品、關愛、尊重、榜樣，與健康良好的發展環境。比起控制，他們較支持孩童的發展，並在孩童要求協助時幫助孩童完成目標。這樣的教養方式在人類文明還是狩獵採集者的時候，主宰了我們的教育方式（如同第二章所討論過的）。

信任式教育傳達給孩童一個概念，不管對現代的孩童來說，或是對以前狩獵採集的部落時代都相當重要：「你是很能幹的！」孩子有眼睛有頭腦，許多事情可以自己瞭解，也最清楚自己的能力範圍與限制。

透過遊玩與探索，將學到必須要知道的事情。孩子的需求和意見也相當重要，孩子必須要對自己的錯誤負責，同時從中學習。社交生活不在於互相競爭而是互相幫助，家長會陪伴支持而不是對抗。

在這樣的教養方式下成長的孩子，最終都變得相當的有能力、善於合作、謙虛、態度樂觀，並在他們的部落中擔任重要的角色。他們為部落付出不是出於脅迫，而是他們自己覺得應該要也樂於這麼做。

一群人類學家做出了以下的總結：「一位成功的狩獵者……應該要有自信且獨立，從小就必須要受到這樣的教育」

採取信任式教養的家長瞭解，成功的人必須要自信且獨立，因此從小教育孩子往這個方向前進。教育孩子不是要求與控制他，而是引導他們自行發展並探索的世界。

我將另外兩種教養方式稱為指揮式教養，因為都是指令導向，試圖以控制孩童行為與發展的方式教育孩童，這種教育方式與孩童的自我意識是完全對立的。

強壓控制式教養大約是在農業發達時出現，在封建時代與工業時代初期達到鼎盛。如同第三章所提到的，毫不質疑的遵守君主與主人的指令通常攸關生死。家長的教育方式從鼓勵創造與獨立，變為要求奉承與聽話。相較於培養孩子的自我意識，強壓控制式教養的家長試圖摧毀孩子的自我意識，以遵守他人規定。當時體罰是相當正常且被大家認可的。

近年來，在某些家庭中，精神上的折磨取代了體罰，成為強壓控制式教養的最主要方法，時常讓孩童感到罪惡與羞恥或不給予關愛，比棍棒與皮鞭更容易讓孩童屈服。強壓控制式教養的目的就是要把孩童轉變為僕人，但是依照以往的歷史，強壓控制式教養是永遠不會有效。自由是種相當強烈的特質，不論對象的年紀，要從人的本性中移除是絕對不可能的。就算是最謙卑的僕人或最溫順的孩子，自由永遠都會存在於他們的本性中，隨時等待機會冒出頭。正因如此，主權集中在少數人手上的社會，通常都相當的不安定。長期來說，強壓控制式教養對家庭或國家來說，其實都沒有什麼效果。

在現代的文化中，許多人都反對用體罰或精神壓抑來讓孩童聽話。在全球化與緊密相連的世界中，主動、有創造力與自我堅持的特質，是大家相當重視的，也不再將盲目遵從視為生活模式。因為技術性低的勞工數量開始減少，並被機械所替代，人類必須獨立且有創造性，才能在社會上生存。今日人類信奉許多狩獵採集者時代所留下來的價值觀。

過去的一兩個世紀，社會對於童工的需求開始降低，民主主義也開始復甦。同時，強壓控制式教養也開始減少。在一九五〇年左右，信任式教養似乎復甦了一段時間，但之後的幾十年教養的方式又開始轉變，被「控制保護式教養」取代。

控制保護式教養的家長不會強迫孩子去農場或工廠工作；控制保護式教養也不會像強壓控制式的家長一樣強迫孩童學會服從。相對的，他們限制孩童的自由，是因為心孩童的安全與未來。同時家長們會覺得，比起讓孩童自己做決定，他們能幫孩童們做出更好的決定。出於好意，控制保護式教養的家長對於孩童的控制程度，與強壓控制式家長不相上下。

控制保護式教養的家長不會體罰孩童，他們利用提供者的身分控制孩子。信任式教養的家長將孩童視為有韌性且有能力的；控制保護式教養的家長則認為孩子是脆弱與無能的。信任式教養的家長相信讓孩子自行遊玩與探索，可以讓他得到最佳的發展；控制保護式教養的家長認為對孩童最好的方向，是由大人精心安排的道路。

信任式教養衰弱的原因

為什麼在二十世紀前半的開始興起的信任式教養，會在二十世紀中段開始漸漸衰弱呢？換句話說，人類社會在過去的幾十年中發生了什麼樣的改變，讓家長不再信任孩童，轉向控制保護式的教養呢？完整的答案將牽扯到許多相關的社會文化改變。下述的幾項是我認為最重要的：

．鄰居數量的減少與共同遊戲團體的消失

在一九五〇年時，不論大人小孩跟鄰居都相當熟識。當時大部分女性白天都留在家中，並建立友誼的網絡。男性也有一樣的狀況，比起現代，他們花較多的時間待在家中。當時的平均工時相對較短，而周末時間大部分人都選擇在家。因為與鄰居熟識，所以也較相信他們。他們不會擔心小孩在社區中自由的活動，與他人社交，他們與鄰居和鄰居的小孩都熟識，如果有什麼問題，大家都會幫忙注意。反觀今天，出外工作主宰了成人的生活，大部分的友誼都是以工作關係為基礎所建立的。正因如此，家長對於鄰居不熟識，理所當然的也不信任。

讓孩童外出或到任何一個地方的最大吸引力就是同伴。當家長開始管制自己的孩子不讓他們外出時，附近的環境就變得較不吸引孩童。此外，由於外出的孩童變少了，環境也變得相對不安全。孩童的數量會直接的影響環境的安全，兒童間會互相照料，並在有人受傷時，幫忙取得協助。（這樣的狀況在年齡混合下更為明顯）。就算侵略者真的存在，也比較不會在被目擊者包圍的狀況下攻擊孩童。

這是一個惡性循環：較少的孩童出門，意味著外面的環境變得較不吸引人也較不安全，造成更少孩童出門。如果要讓我們的環境變得更有趣、更安全，這樣的循環必須要被打破。

・教養常識的衰退與世界性恐懼的增長

在一九五〇年代，大人對於孩童較為熟悉及瞭解。當時的家族比現代來得龐大。家族成員大部分會居住在同一個城鎮內，時常互相交流，年長的孩童時常幫助照顧年幼的孩童。當人們開始擁有自己的家庭時，對於孩童的照料往往都已相當的有經驗。對於孩童的發展，他們擁有第一手資訊，瞭解孩童所擁有的能力，以及遊玩探險對於孩童學習發展的價值。這同時也是家長的鄰居友誼網絡，朋友之間會互相分享孩童的故事。相反的，現在的家長在組成家庭時，往往沒有太多照護小孩的經驗。他們對於童年的想法與資訊，通常都是從媒體上的「專家」口中聽來的。

這些「專家」告訴家長，注意危險是父母的工作。幾乎所有的東西對孩童來說都有潛在的危險：刀具、火苗、細菌、小的玩具（可被吞食的大小）、壁蝨、蟲咬、有毒植物、紫外線、遊樂場的設施、同學、年長的孩童、青少年，還有孩童誘拐者（依照媒體的說法，這些的罪犯躲藏在身邊的每個角落）。如果你相信媒體所說的話，而不去思考每件事情的風險有多小，這世界就會變成一個相當可怕的地方。

不管怎樣，我們必須要思考出對應方式。危險當然都存在，我們也有義務讓孩子知道這些危險。但如果這些危險讓我們害怕到去限制孩童自由的探索與冒險，同時限制了他們學習照顧自己的寶貴機會，這樣也許才是令人擔憂的危險。

有些「專家」認為我們必須要保護孩童脆弱的自信心，這樣他們才會對自己有信心。所以家長極力誇獎孩子，參加孩子的比賽，幫他們加油，甚至為他們安排一條不會遇到失敗的道路，這就是控制保護式教養的寫照。

大部分的孩童將這樣的讚美與支持，視為不好、煩人的事。但有一部分的孩童認為這樣是好的，這是我們該擔心的一群。「專家」也警告我們必須要保護孩童，不讓他們的愚蠢害了自己。我們時常會閱讀到一些新資訊，試圖指出孩童，特別是青少年，因為某些生物學的理由都是笨蛋。但這不可能是真的，如果這是真的，我們根本不可能活過那些極度相信孩童，以及危險（如拐騙者）普遍存在的幾萬年。

新聞媒體其實是恐懼感最大的促進者。每天都會把世界上某處，在孩子身上發生的可怕的事報導出來。如果成千上萬的孩童，在沒有大人看管的狀況下出外遊玩，回來的時候更為健康、聰明與勇敢，這就不是新聞。如果某處的孩童被誘拐、溺斃或被車撞到，新聞會在州內或世界上不停傳播。家長們收到的消息不能代表現實，卻會變成根植於家長心中的噩夢。

・未來工作的不確定性

現在的就業環境比起以往更為不穩定，要預估未來可以從事哪些工作，或是需要怎樣的職能技巧根本是不可能的。工會雖然在過去曾保護過工作機會但也已成為歷史，公司與產業的興衰變化相當迅速。這樣的狀況導致家長更為擔心孩子的未來，並迫使他們將童年視為加強自我能力而非玩樂的一段時期。

家長覺得如果可以讓孩童接受由大人主導的課程、加入志工活動、在考試上得到高分、進入一流的學校，就能夠保障孩童的未來。這是錯的，但這樣的認知一直不停的傳承下去。

事實上，在不確定的環境中就業，最需要的人格特質往往要透過自我導向的經驗學習，而不是被家長或老師刺激而來。不確定的環境需要的人格特質是：責任感、思想獨立、積極主動、有自信與彈性、具有創造力與想像力，並願意冒險。這些特質都需要透過信任式的教養培養。如果使用的是控制保護式的教養，這些特質很難出現。

・學校權力的增長與遵守學校限制的要求

對孩童自由最大的限制莫過於學校權力的增長。一九五〇年代起，學校成為孩童自由的限制者，如今這個問題更加明顯。現在的學年比以往更長，而沒有到校上課的處罰也比以往更重，在校的活動比以往控制得更嚴格。此外，現代學校的影響力已超越了校園的圍牆，深入了家庭生活中（如在第一章所談到的）。

暑假學校會規定必須閱讀的書本，家長們就必須要要求孩童找到那些書，並詳細閱讀。可以想像家長這樣說：「你不可以讀那本你想看的書，因為那不是你用來寫報告的書。」就連最年輕的孩子都被分配了作業，家長常常被迫要監督孩子、在作業單上簽名、常常被叫到學校參加座談會。如果孩子在學校的表現不好或是成績不佳，家長會被迫感到罪惡。家長被設定為要在家中扮演老師在學校扮演的角色，要求與逼迫學生做學校體系要求他們的事情。如果家長不遵守這樣的規定，就會被視為麻煩家長。

我在網路上有一個關於遊戲與學習的部落格名為《今日心理學》，藉由這個部落格，我常常可以看到家長分享孩子在學校所發生的事情。下面這個狀況滿常見的：一位孩子就讀公立學校幼兒園的媽媽表示，為了維持「特優」的形象，學校的生活大概是這樣子：學校的一天由早上八點開始，一直到下午三點，這段時間不包含相當長的通車路程。這段時間內除了一個半小時的午休外，沒有其他休息時間。而午休時間竟然設定在早上十點四十分！午休時間會有一位女士拿著擴音器要孩童們保持安靜。

除此之外，五歲的孩童被要求天天都要由家長監督寫功課。這些都是真正的回家作業，包含數學作業、寫作作業與其他各種不同的作業。對於這樣的學校生活，這位媽媽有以下的反應：

一開始，我的女兒相當興奮要去上學，但才兩天，她就哭著要回到以前的幼兒園。很快地女兒不哭了，回家後不停的生氣與抱怨，開始會對妹妹發脾氣，甚至還會甩門，或耍賴要我幫她做所有事情。我知道這樣的轉變是學校生活造成的……我所接觸到的家長幾乎都在討論著一樣，甚至更嚴重的狀況。

這是學校應該要帶來的影響嗎？對此我感到強烈的無助感與壓力。在我與其他家長聊天時，我們都不敢當那個站起來說話的母親，擔心這樣會對小孩有不利的影響，現在教育中的文化迫使我們保持沉默。

我們常常聽到別人告訴我們，孩子在這個年紀「能做到什麼」與「我們應該讓他們做什麼」，甚至「我們的孩子可以生存下去」。好笑的是，我其實希望我的孩子能比「可以生存下去」再稍微好一點。我想也許成功不再是個選擇。我覺得我好像一個犯罪目擊者，僵在那裡一動也不能動。

在這樣的狀況下，要當一個信任孩子的家長相當困難，甚至有點不可能。這監獄般的學校迫使家長使用控制式教養而非信任式教養。你必須要與孩子對抗，讓他們能夠適應學校生活；

同時你必須要與學校對抗，讓它能適應孩子。

‧以學校為中心的孩童發展與教養方式

學校體系無孔不入影響著家庭生活。學者、家長與社會大部分都會透過學校的角度評估孩童，依照他們的在校成績分類。大部分孩童相關的研究都是在學校進行，並且是針對學校的相關議題。以致社會用以學校為中心的角度看待孩子，扭曲了人類最原始的本性。

在學校的學習是由大人主導而非孩童主導。學校的學習是連續並延續著某條道路，你必須要學會A後，才能開始學B。校園裡所有孩童的學習夥伴都是同年齡的，在校園裡，孩童沒有辦法透過與年長的孩童玩樂，以學習新的技能，或透過與年幼的孩童玩，來學習責任感。在學校，所有的自主玩樂與探索都被瓦解。這些都是以學校為中心的教育方式的一環。

因此，人們開始相信對四五歲的孩童來說，所謂教育就是連續，且由大人主導的過程，最佳的夥伴就是同年齡的孩童，自我導向的玩樂與探索都是浪費時間。發展心理學教科書常常將學齡前的日子稱為「玩樂的時間」，似乎在那之後所有的玩樂就會自然停止。我們被學校的系統影響變得盲目，遺忘了孩童最原始的發展模式。

以學校為中心的童年，隨著時間的流逝，漸漸影響孩童生活的各個面向。遊戲場不再是孩童伴自由玩耍的地方，而是大人執教的場所。在遊戲場裡，孩童會像在學校一樣，以年級區分成不同的團體。在家中，許多家長也接受了學校體系的教養方式，並以家中老師自居。他們不停的尋找教育的機會、購買具有教育性的玩具、以設計過的方式與孩童們玩耍，或引導他們做特定的事情。這也難怪許多的孩子都不想理會家長，因為家庭生活和校園生活一樣的沉悶。

家長相信這套學校體系並不難理解，他們被孩子不能得到好成績，進入好大學，人生就會失敗的說法說服。因此開始與其他的家長競爭，希望自己的孩子能有最好的履歷表。當學校體系變得相當有影響力時，人們對於孩童發展的概念，就變得與學校體系越來越相近。

兒童比以往更不自由、更受控制，主動探索的欲望受到剝奪。可悲的是，孩子沒有能力、不負責任，並需要大人持續給予指導與監視的假設成真了。孩子被說服自己是沒有能力與不負責任的，並且也這樣表現。培養一個人某種特質的最佳方式，就是假設這個人已經擁有了這樣特質。

如何成為一位信任孩子的家長

許多家長都希望可以用信任的方式教養孩子，但卻發現有困難，關於危險的訊息相當多，也不停發生，它們永遠都不會消失。可怕的意外確實會發生；誘拐孩童的人真的存在；行為不良的同儕也會帶來不良的影響。不分年紀，孩童與青少年都會犯錯，失敗真的相當難受。正因為人類天性遵循主流，家長很難反其道而行，冒一些大家都反對的風險，但是如果有某部分的人開始反其道而行，也許社會整體的方向就會改變了。

假設你是相信人生充滿風險的家長，相信必須要給予孩童自由，他們才會快樂、才能學會負責，才能發展面對人生危險與錯誤所需要的人格特質，該如何才能不顧輿論的力量，且不理會心中的恐懼，成為能給予孩童自由的信任式家長呢？下面是我的一些建議。

・觀察自我的價值

什麼是好的生活？什麼樣的經驗讓生命有價值？開始信任式教養的第一步是，想想自己的價值怎樣可以套用在你和孩子的關係上。如果自由、責任感、積極主動、誠實、正直與關愛他人，對你來說是重要的，並且希望在孩子身上看到這些特質，那你就必須要當一個信任式的家長。上述這些特質，不能透過苛責、壓迫與疲勞轟炸賦予，必須透過日常經驗學習。你可以藉由設立榜樣，導入日常相處，協助孩子建立這些價值觀。積極自主與所有相關的特質，都必須在擁有自由的條件下才能夠發展。

想想自己的童年最快樂的時候。你在哪裡？你做了什麼？跟誰在一起呢？仔細想想，當時身邊有大人嗎？麥可．湯瑪士（Michael Thomas）是一名孩童精神學家與作家，在面對面訪談時，都會固定提出這些問題。當他問到最快樂回憶中是否有大人在時，大概有十%的人會舉手。剩下九十%的人，都沒有大人在。依照湯瑪士的說法，我們最快樂的時候，通常是擁有百分百的自主權時。這些事情通常都是我們自願進行，而非他人迫使的。

當我試圖回想童年，並找尋最快樂的時光，我會想起一個春天的清晨，當時我十歲或十一歲。那天，我起得非常早，希望在去上學前釣兩三個小時的魚。

昏暗的清晨，我帶著釣具騎上了腳踏車，準備前往大約兩哩外的水壩。我的朋友都不想這麼早起床，所以我只好獨自前往。在水壩邊我獨自拿著釣竿，溪流與清晨的鳥叫聲環繞著我。看著身邊尚未融化的雪，我等待著魚上鉤，看著太陽正在慢慢升起。

我不知道到底是什麼讓那天的回憶如此印象深刻。這並不是我第一次看到日出，或第一次在清晨釣魚。但那天早上我突然有一股敬畏感與驚奇感。我覺得存在的意義提升了。我體驗到了心理學家所謂的「高峰體驗」，與宗教人士所說的與上帝的接觸。如果當時我身邊有個大人的話，是絕對不可能感受到那樣的經驗。不管大人有多麼良善與尊重，他的存在就會影響到我，在身邊有大人的狀況下，我永遠不可能覺得自己有那麼偉大。

・放棄你可以決定小孩未來的想法

如果我們重視自由與責任，就必須要尊重孩子，讓他們有權利控制自己的人生，我們不可以將自己的目標套到他們身上。為了學習責任感，孩童必需要學習如何幫自己做決定，唯一的學習方式就是透過練習。所有的家長都會關心他們自己孩子的未來，試著不去控制很困難，但越努力控制越會得到反效果。

當我們試圖決定孩子命運時，就阻止了他們主控自己生命的權利；當我們試圖在日常生活的道路上引導孩子時，就阻止了他們控制自己的生命，並從錯誤中學習的機會；當我們給予孩子他們需要但不想要的建議時，就減少了孩子在需要時，向我們尋求意見的機會。

作為一個信任式教養的家長，你必須要常常提醒自己，那是你的孩子，不是你。所謂的「複製」其實不是字面上的意思，它不會製造另外一個你。你會隨機貢獻一半你的基因，你的伴侶提供另一半，兩個人的基因會混合製造出一個擁有全新基因的人，也許會擁有一些你們的特色，其實大部分都不是你，甚至不能說孩子是你的。

你的孩子是一個獨立的個體，每個孩子被帶到這個世界上，生長、學習並開創自己的人生，你只是製造孩子的基本環境，應該努力扮演好自己角色，提供他們所需要的東西，不要認為你需要對孩子的發展負起任何責任。

不論孩子成功或失敗，都是因為他們自己的關係，不是因為你。衡量成功的人是孩子，不是你。這個世界上有很多不開心的律師、醫生與企業家，同時也有很多開心、滿足的上班族與清道夫。工作上的成功並不代表生活上的成功，任何職業都有快樂與不快樂的人，如果你覺得不是在過自己的生活，怎麼樣都不會快樂的。這些聽起來都像老生常談，但有太多人在照顧孩子時，忘記了這最重要的事情。

在一系列大規模調查中發現，美國富裕市郊家庭長大的高中生，往往比在較貧窮社區長大的孩子更為焦慮與憂鬱，使用毒品比率也相對高，有這些問題的孩子都承受著父母所給予的龐大壓力。研究也顯示，與家長精神的貼近程度，對孩子有負面或正面的影響，被家長送去參加不同的活動時，會產生焦慮與憂鬱；當家長與小孩一同享用正常的晚餐時，焦慮與憂鬱就會相對減少。

精神上與家長的貼近程度，對孩子來說是相當重要的。當家長相當在意孩子的成就時，貼近程度就會被削弱。如果雙方只是輕鬆的共度時光，就能增進貼近感。信任式的家長享受孩童的陪伴，並不會將小孩視為計畫的一部分。

・不要嘗試監視孩童的活動

信任式的家長會克制自己，不要隨時與孩子保持聯絡、監督他們的活動，或問他們發生什麼事。現代的科技要監督孩子的一舉一動相當容易，可以透過隱藏式攝影機觀察孩子的活動、檢視他所看過的每一個網站，甚至要求他隨時用手機通報行蹤與在做的事，也可以用衛星定位，隨時知道孩子在哪裡，就像在監督罪犯一樣。

你當然可以用「關心」合理化行動。但如果換作是你，會想要被這樣監視嗎？如果有人，例如你的先生或太太，這樣監督、記錄或評估你所有的私人活動，你會怎麼想？這樣的監視只會讓人覺得「我不相信你」。

我們不需要用現代科技展現不信任，透過持續與詳細的詢問每個活動也有一樣的效果。一個信任的家長不會要求要孩子報告每一分鐘的活動。每個人都有隱私權，同時也有機會在不被人批判的狀況下嘗試新的事物。太過詳細的詢問只會造成謊言與隱瞞。

・找尋或創造孩童可以安全玩樂與探索的空間

作為一個信任的家長，你必須要對孩子負起相當多的責任。你不能控制孩子要去的方向，或是教他該怎麼走，但可以提供良好的環境。

房地產經紀人告訴過我，許多年輕的家庭在尋找第一個家的時候，通常最注意的，就是附近學校的程度與考上大學的百分比。相對的，一個信任的家長會更重視附近的環境。一個充滿大房子、大院子與成績優異的學校的環境，如果外面沒有孩童玩耍，那對孩子來說就不是一個好環境。

你應該要尋找可以輕易看到各個年齡層的孩子在外自由遊玩、探索，或與其他孩童互動的環境。你的孩子會想要加入他們，並從他們身上學習。這樣的環境不會有雄偉的洋房，這種地方的院子不會被高大的圍牆包圍，也沒有太多的交通流量，這樣孩童就可以在街道上自由玩耍，不至於發生危險。在現代雖然很少見，但這樣的環境還是存在的。如果有更多買主要求的話，這樣的環境會越來越多。你也可以找家長會一起在戶外度過閒暇時光，相互認識的環境。荷蘭的研究中顯示，兒童是否到戶外玩耍，主因是社區的凝聚性。當鄰居互相認識、信任的時候，孩子就會花更多的時間在戶外遊玩。

如果無法搬到友善的環境，你可以嘗試改變現有的環境。第一步就是去認識鄰居家長，一同討論共同的問題。相信大部分的家長會相當高興有這樣的機會，只是在等待有人主動開啟。這樣的活動會觸發家庭間的互動，並且進一步影響到孩子的友誼，讓他們想要外出玩耍。透過這樣的集會，你與其他的家長會一同尋找或創造環境讓孩子遊玩，那樣的環境就算是很小的小孩也可以進入。如果一開始，家長還不放心讓孩子獨自出門遊玩，可以輪流看著孩子。如果外面沒有地方讓孩童玩耍，為何不試試你的前院呢？

麥克・蘭札（Mike Lanza）是線上組織「玩樂」（Playborhood）的創始人，在自己的前院建造了一個遊樂場。在他的網站與新書上，提供大家建造遊樂場的意見。他的前院遊樂場擁有一座玩沙區、一個設有籃球架的車道、一個幼兒可以進入的噴水池、一張野餐桌，與裝滿玩具、圖畫與電子設備的儲物椅。圍牆上掛著給孩童創作用的白板。

麥克與他的家人（現有三個男孩），會固定在前院的野餐桌上用餐，藉此吸引與認識其他鄰居。還以各種方式讓鄰居與小孩知道，可以隨時到這裡來玩，不管他們有沒有在場，甚至還放了告示牌寫說：「請闖入我們家的前院」。

依照麥克的說法，這樣的金錢投資對他們家來說不算吃虧。透過這樣的方式認識更多的鄰居，看見許多孩子在自家前院遊玩，日常的生活多了一分色彩，小孩也因此得到了更多的玩伴。麥克刻意地將前院的遊樂區設計為各年齡層孩子都適合的地方，在後面建造了更多的遊樂設施，包含彈跳床與樹屋。這些設施統都對社區的居民開放。麥克家的前院與經常在外活動的家人，吸引了許多鄰居到他們家開心舒適的遊玩。

當然，如果你是典型的二十一世紀大人，你馬上就可以想出相當多的缺點。如果有人受傷那責任怎麼歸屬呢？如果遇到破壞者與小偷怎麼辦呢？能否符合相關法規呢？附近的鄰居會不會擔心噪音與地產價值降低呢？

對於這些問題，麥克都有相當好的回答，他也建議大家以這樣的角度去思考如何為孩子建立健康的環境，或是像麥克所說的，如何建造一個「遊樂環境」，然後，找尋適合居住環境的方法營造。一開始就將鄰居一起拉進這項計畫，就算他們沒有小孩也沒有無妨，這樣一來，他們就會站在你這一邊，而不是與你對立，認真地考慮他們的需求，不要將他們視為阻礙，而是視為計畫中必須要解決的問題。

讓你的孩子可以自由安全地與其他孩子玩耍，是你可以為他們做的事，如果同時可以幫助到其他的孩子那更好。各地都有人效仿麥克的做法，前院遊樂場與野餐區有潛力取代原有的前門廊，成為組成鄰居社區的重要因素。儘管如此，我們不該讓自家的遊樂園，成為孩子四處探索的阻礙，你的院子或任何一個附近的遊樂區，應該只是孩子在世界上探險的起點。

只要一點點想像力與一點點努力，就可以想出許多方法提供孩子自由玩耍的環境，例如：你可以要求附近的學校，在每天放學後開放體育館供孩童自由玩耍，也可以要求社區公園的管委會，聘請青少年幫忙管理公園的遊樂區，這樣周末或放學後，孩子就可不需要家長陪同，到公園自由遊玩。也可以與其他有小孩的家庭一起去度假，當大人們相處的時候，小孩也可以一同遊玩，就育有孩童的核心家庭而言相當適合，為了讓孩子能夠健康發展，他們必須從小開始探索外面的世界。

・傳統學校教育的替代方案

作為一位信賴式教養的家長，你必須要找到可以替代傳統校園教育的方式，依照孩子的欲望與能力，提供他們自我教育的機會。我在本書中所提到的瑟谷學校就是良好的替代方案。當我在寫這本書的時候，全美至少有二十二所學校是依照瑟谷形式所創立的，還有遍布全世界的另外十四所學校，也都採取這樣的方式，這些學校都是私立的，但學費遠較於一般私立學校來得低。除此之外，還有許多非傳統式的學校，也提供比一般公私立學校更自由的遊玩與更多的自我導向教育方式。

另外一個替代方案為在家自學，統計數字上來看，在家自學是美國學習方式轉換的最大宗。美國在家受教育的學齡孩童（五歲到十七歲）人口，由一九九九年的八十五萬人，成長到二〇一一年的兩百多萬人。百分比由學齡總人口的一・七%成長到四%。儘管如此，並非所有家長都是為了孩童的自由，而採用在家自學的教育方式。大約有三分之一的人是因為宗教信仰，剩下的一部分，是極度的控制狂。不論原始動機為何，大部分採用在家自學教育的家長會慢慢變得較為放鬆，控制的欲望也會慢慢降低。

通常，家長與孩子雙方都會覺得原本計畫的課程太過於無聊，而改做一些比較有趣的事，這通常是由孩子觸發。累積在家自學教育的經驗後，家長對於孩子的信任程度會慢慢增加，並開始讓孩子擁有自我教育的主控權，有一部分甚至會成為「未受過學校教育的人」。

非學校教育是在家教育中與信任式教養最為契合的方式之一。非學校教育這個名詞是一九七〇年代，由教育學家兼教師約翰．霍特（John Holt）在《沒有校園的成長》（*Growing Without Schooling*）雜誌中首次提出。

非學校教育意指不去學校。非學校教育家長不會將孩子送到學校受教育，在家中也不會進行任何類似學校的教育方式。不會建立課程；不以教育為目的，要求任何作業；當然也不會進行任何測驗，衡量孩子的學習進度。他們讓孩子自由追尋自己所感興趣的課題，並用自己的方式學習。他們相信教育是生活的一部分，不該只發生在特定的地點與時間。

目前針對將自己視為非學校教育的兩百三十二個家庭，我與同事吉娜．萊利（Gina Riley）進行了一份調查。目前還在分析問卷調查的結果，但已經相當明確。一開始超過三分之一的家長將孩童送去學校受教育，最後因為學校造成憂鬱、焦慮、憤怒與失去學習的動力等理由，將孩童從校園中帶走。在轉變為非學校教育前，有許多家庭嘗試過傳統、有安排課程的在家自學方式。最終這些家庭都會因為家長與孩子覺得這些課程過於沉悶或有壓力，而由在家教育轉變為非學校教育。家長認為課程安排是沒有意義的，就算沒有安排，孩子也可以學習。

針對我們的疑問，非學校教育的家長提出了許多非學校教育的優點。大部分的家長都會強調，這樣的教育方式對於孩子的快樂程度、獨立或自信，都有相當正面的影響，同時對於孩子的好奇心與學習也有幫助。

這樣的教育方式讓家庭關係更為密切良好。那些曾經將孩子送到學校的家長都很開心，終於不用照學校的時間計畫自己的私人生活。而於非學校教育的缺點就是要和親戚解釋，選擇非學校教育是因為學校教育所帶來的壓力與煩惱。對於部分人來說，最大的問題是如何克服選擇異於常態的方式，所造成的自我懷疑，要逆流而行是相當困難的。這就是為什麼許多非學校教育者會建立緊密連結，不論是透過固定的聚會或是網路上的聯繫，互相扶持與鼓勵。

非學校教育已經存在相當長的一段時間，許多大人初級與中級教育都是由非學校教育完成的。目前為止，還沒有人正式的研究過非學校教育的結果如何，但透過許多非學校教育者所寫文章、書籍與部落格，我們可以看到一些例子。整體來說，非學校教育的「畢業生」在進入大學這條路上，基本上沒有什麼困難。不論有沒有大學學歷，這些非學校教育的孩子，在找工作上也沒有太多困難。

有一個很好的例子，最近我有機會與凱特．弗利基斯（Kate Fridkis）聊天。她是住在紐約市的二十五歲女孩，在進入大學前，沒有去過任何學校。家長從一開始就以非學校教育來引導她和她的兄弟，因為他們認為學習不該與日常生活分開。

凱特告訴我許多非學校教育的優點：這讓她有機會可以多元化追尋自己的興趣，發展有熱情事物；去許多地方參加別人沒時間參加的活動；可以與各個年齡層的人交朋友，也可以認識各種背景的人。不同於一般人，她不會感覺到受限，只能與同年齡層的人做朋友。她不需要適應學校遵守規則的文化，也不需要對自己與他人的不同而感到尷尬，更能瞭解人與人個別的差異。

十五歲時，她受聘於一間猶太教會堂擔任聖職人員，負責服務集會活動。如果在一般學校，不可能有這樣的機會。她在猶太教會堂的經驗，讓她對宗教信仰的社會現象發展出興趣。大學時，她就讀宗教相關的科系，並在哥倫比亞大學取得碩士學位。她輕易就能適應高等教育所的學術要求。大學中讓她感到失望的，是不成熟與缺乏知識的同學，與枯燥乏味的必修課程。

如今她已經建立自己的家庭，也是一位作品豐富的自由作家。她在猶太教會堂擔任合唱指揮家，並不停追尋更多元化的興趣。同時她也是兩個知名部落格的作家，分別為「蹺課」（Skipping School）與「快吃蛋糕」（Eat the Damn Cake）。

我不認為非學校教育適用於所有家庭，若社會價值觀不變，甚至不適用於大部分的家庭，它需要人們投入相當程度的時間與資源。原則上當孩子還年幼時，必須要有一位大人留在家中。大部分時候會是媽媽留在家裡，這意味著，她必須放棄或延後職業生涯，或是在家工作。雖說非學校教育的家長並不需要控制孩子的學習，但仍然必須協助提供良好的學習環境，並幫助孩子追尋自我的興趣。

非學校教育會要求家庭要花很多時間聚在一起，這對一些家庭來說非常開心，對某些家庭來說很痛苦。非學校教育中，有時候孩子會需要一些時間離開家長，同時家長也會需要一些自己的時間。在現代文化的核心家庭裡，大部分的大人都需要外出工作，在這樣的狀況下，大人很難花一整天陪伴孩子，同時還保有自我的時間。

瑟谷與其他自我導向學校的優點，就是在遠離家園的環境下，給予孩童自由遊玩、探索、學習與建立友誼的機會。這樣的機構可以在家長不需刻意提供或安排的狀況下，給予孩子這樣的環境。但依照許多家庭的看法，非學校教育是非常棒的主意。

未來的期待與目標

我對於未來教育相當樂觀，我們的文化會瞭解到自由學習的重要性，並將的主導權歸還給孩子。學習將再次變得快樂、刺激，並成為生活的一部分。

我的樂觀並不是來自於學校教育、教科書與測驗模式等的教育機構。教師組織與學校相關人士大部分只關心自身相關的事務，因此顯得一成不變。

當大家發現，孩子沒有學到太多學校教的東西時，他們只會要求孩子花更多的時間待在學校，寫更多功課。如果兩百小時的教學不夠，那就嘗試四百個小時；如果孩子學不會一年級的課題，那就從幼兒園開始教；如果孩子也學不會幼兒園教的事，唯一的方法，就是從幼兒園前的托兒所開始就讀。如果暑假時，孩子忘記前一學年所教的課程，那就取消暑假，並禁止任何校外生活。

在教育界，每個人都將自己視為「再造者」，認為現有的教育系統不管用，這從義務教務剛萌芽的時候就存在了。有人希望可以將教育再造成某種形式，也許提供較多元選擇，並減輕考試的分量，同時，也有人希望課程更標準化，並讓測驗變得更嚴格。許多教育學家對於再造教育發表過許多文獻，但教育界沒有人承認強迫式的學校教育沒有用，唯一有效的改變，就是讓孩子有機會主導自我學習。

我的樂觀來自於教育系統以外的改變，越來越多人開始放棄強迫式的學校教育並投向在家自學、非學校教育，與其他教育體系，讓孩子有機會再次擁有學習的主控權。當學校體系越壓迫時，就會有越多人遠離學校體系，這是件很好的事。

資訊科技的發展也是導致遠離校園發展的重要因素。今天任何人都可以輕易的取得一台可以與網路連線的電腦，就算是印度的孩童也一樣。他們可以輕易的接觸到世界上所有的知識與想法，這些資訊都可以透過搜尋引擎，以相當有組織的方式呈現。任何想做的事，都可以在網路上找到相關的方法與示範影片；任何一個想法，都可以在網路上找到正反面的意見與看法，甚至可以加入網路上的討論串。

比起標準學校體系的填鴨式教育，這樣的方式對於知識的發展更有影響力。對於可以接觸到網路的孩童來說，到學校學習或培養自己的思想變得相當的可笑。在進入學校前，越來越多的孩子自己學習如何閱讀或書寫，這讓許多家長開始質疑義務式學校教育的意義。如果孩子可以在一年級之前，就學會閱讀，那為什麼要送他去念一年級？

在不遠的未來，我預測會來到一個轉捩點。每個人至少會認識一個像凱特的人，他們沒有受過任何標準的學校教育，但依然可以過著正常的生活。人們會說：「你看凱特、巴比和瑪麗珍，他們都沒有去過學校，但他們仍然過著快樂的生活，也是有生產力與責任感的公民。那為什麼要送孩子去讓他們不快樂的學校？」人們會開始質疑義務教育的相關法令，並要求改變，這樣可以讓更多孩子有機會在不用擔心法律義務的前提下離開學校。

就像許多其他重大的社會變革，對於正常與不正常的認知改變是一切的重點。不久之前，同性戀被大家視為是不正常的，依照宗教或世俗的角度，同性戀被視為罪惡或疾病，至今還是有很多人這麼想，但那些人很少低於三十歲。

所謂的基準已經改變了，現在同性戀被視為是一種正常的表現，就像左撇子。改變是因為有些勇敢的同志往前走了一步，他們走出來並告訴大家，「我是同性戀，而且我對我的性向感到驕傲」。越來越多人發現，身邊的好友與親人許多都是同性戀，許多的偶像與英雄也都是。這讓譴責同性戀或稱其為疾病變得相當困難。

這與我預測的教育改革相當類似，越來越多人遇到沒有受過學校教育的大人，或不將小孩送去學校的家庭時，就比較不會這個現象視為偏離正道或令人憎恨的。

除此之外，還有另外一股力量促使這樣的改變，那就是人類渴望自由與自主權的天性。歷史告訴我們，當自由是選項的時候，人類一定會選擇自由。當大人們發現義務性的學校教育並不是成功的因素時，他們很難選擇不給孩子自由，孩子也會主動要求要求自由！

孩子不再相信學校教育是苦口良藥，他們必須要忍受，因為這樣的教育是必須且重要的。當越來越多人離開強制的校園體系，一部分的社會大眾就會開始要求公共教育縮減的經費，應該轉為協助孩童自我導向的學習，創造教育的機會，而不是強迫大家學習。美國現在每年用於十二年國教的六千億美元，只要撥一小部分就能做出多少改變。

不論家庭的背景與收入如何，我們有責任提供每個孩童富裕的教育機會。我沒有太多方法可以提供這樣的教育環境，可能的做法就是建立一個自願性、非強制的學校，也許可以參考瑟谷。

如此一來，孩童們可以在有助於智慧與心理道德發展的環境中，自由遊玩、探索與學習。瑟谷學校花在每個孩童的費用，僅有傳統學校的一半，因此這樣的方式可以節省許多納稅人的金錢。另外一個可能的方式，是建立一個完善的社區活動中心系統，免費對所有人開放與使用。

想像你的社區有一個活動中心，不管大人或小孩都可以在此遊戲、探索、交朋友與學習。這裡會提供電腦、繪畫工具、運動器材與科學器材讓大家使用。活動中心可以與市民圖書館合作，當地人可以提供一些學習課程，例如：音樂、藝術、運動、數學、外語、烹飪、商業管理、財務管理，或任何大家覺得有趣或值得學習的課題。

這些課程不會有特殊的需求，也不會有成績與排名，人與人之間不會有比較的心態。當地的戲院與樂團可以在活動中心表演，而社區的人們都可以依照自我的喜好與其他人形成新的團體。活動中心會有體育館供室內活動用，如果可以的話，也會有草原與樹林，供人們進行室外的探險。

孩童依照自我的意願來到這裡，因為可以與朋友們一起做許多有趣事務。活動中心也可以提供許多家長白天的孩童照護，讓家長們可以安心外出工作。可以讓較為年長的孩童有機會享受照護年幼孩童的快樂與好處。

活動中心可以讓所有使用的人以集會的方式共同管理。透過民主投票，所有的會員可以共同作出重要的經費決策，並選出委員會確保組織的運作。他們可以聘請一些大人，甚至年輕人來協助日常活動。所有的成員可以用民主的方式決定活動中心的相關法規，並設立系統執行。同意遵守活動中心的規則與答應協助日常的運作，將成為每個加入者的責任。不論大人小孩都必須要投票，並遵守會員的相關條約。上述這些都可以利用社區現有供應學校經費的一小部分完成。

這只是我對於可能取代義務教育的方法推測。我相信且希望這些細節會依各個社區的需求而有所不同。

強制式學校的減少與自願性教育的提升是逐步與緩慢的過程，但總有一天強制式的教育會慢慢消失。那時候我們將會看到孩童自我控制與學習能力嶄新的一面。今天孩童們所感受到的憂鬱、焦慮與無助將漸漸消失。

銘謝

如同我在第一章所提到的，這輩子我遇到了好幾百個很棒的老師，我很重視這些老師。其中最重要的就是露比．盧，雖然我不知道現在她在哪裡。還有丹尼．格林伯格的研究與工作給了我相當大的啓發，同時他的友情帶給了我許多溫暖。

我要將本書獻給我的兒子史考特，他引導了我往現在的方向不停前進。當然我也要將這本書獻給最親愛的太太——戴安娜，她從我們見面的第一刻開始，就讓我的生命充滿歡樂。我的身邊還有太多值得提起的同事與好友了，因此我決定就此打住，不然永遠都寫不完。

針對這本書，我要特別向經紀人吉兒．瑪莎（Jill Marsal）致謝，她透過我的部落格找到了我，啓發我將一切寫成書，並帶領我走過這個過程。同時我要感謝湯瑪士．凱萊赫（Thomas Kelleher），他是我的責任編輯，他認為這本書值得出版並給了我很多鼓勵。科林．翠西（Collin Tracy）幫助我完成出版一本書所需要經過的所有過程。安東尼德．史密斯（Antoniette Smith）協助完成了這本書的最終編輯。我要特別感謝高木蒂絲（Tisse Takagi），這本書的主要編輯，她在書籍的編修與其他很多地方，都給予了相當大的幫助。各位讀者也都應該要感謝她。

會玩才會學 / 彼得 . 格雷 (Peter Gray) 作 ; 吳建緯譯 . --
二版 . -- 臺北市 : 今周刊出版社股份有限公司 , 2021.04
304 面 ; 17×23 公分 . -- (i-learn 系列 ; 3)
譯自 : Free to learn : why unleashing the instinct to play will make our children happier, more self-reliant, and better students for life.

ISBN 978-957-9054-87-4(平裝)

1. 兒童遊戲 2. 兒童心理學

523.13 110004443

i-learn系列 003

會玩才會學
Free to Learn

作　　者　彼得・格雷 (Peter Gray)
譯　　者　吳建緯
副總編輯　鍾宜君
行銷經理　胡弘一
行銷主任　彭澤葳
封面設計　FE 工作室
內文排版　簡單瑛設
校　　對　呂佳真

出 版 者　今周刊出版社股份有限公司
發 行 人　梁永煌
社　　長　謝春滿
副總經理　吳幸芳
副 總 監　陳姵蒨

地　　址　台北市中山區南京東路一段 96 號 8 樓
電　　話　886-2-2581-6196
傳　　真　886-2-2531-6438
讀者專線　886-2-2581-6196 轉 1
劃撥帳號　19865054
戶　　名　今周刊出版社股份有限公司
網　　址　http://www.businesstoday.com.tw

總 經 銷　大和書報股份有限公司
製版印刷　緯峰印刷股份有限公司
二　　版　2021 年 4 月
二版三刷　2022 年 2 月
定　　價　360 元

i learn

www.businesstoday.com.tw